JN198849

創造性を育む

乳幼児からの音楽表現

佐野仁美・岡林典子
編著

ミネルヴァ書房

はじめに

1．先行き不透明な時代

高齢化社会を迎え，国際情勢も先行きが見えない中，今までの価値観のままでは立ちゆかないような，大きい変革の波が押し寄せてきています。なかでも重要なのがAI（人工知能）に代表される情報化社会の到来でしょう。AI技術の発展により，人間が担っていた仕事の一部は，すでにAIやロボットに置き換えられており，変化のスピードは加速しています。これからの社会に羽ばたく人を育てる教育や保育に関わる私たちにとって，このことを考えずには済まされません。

情報化社会においても，創造性が必要な仕事はAIに代替されないと言われています。それでは，どのように創造性を培っていけばよいのでしょうか。知識や技能を身につけるだけではない創造性は，すぐに得られるものではなく，人格形成の基盤となる幼児期からそれを念頭に置いて育てる必要があると考えています。

「創造性」とは，何もないところから新奇なものをつくり出すことばかりではありません。子どもたちは，まず周りにあふれる様々な情報の中から必要な情報にアクセスし，そこから何かを価値づけて選び，それをつなげたり，アレンジしたりして組み立てる作業が必要です。その際，どのように組み立てていくかには「感性」が必要であり，これが「創造性」の鍵を握るのではないでしょうか。

2．幼児と創造性

ここで幼児の姿を思い起こしてみましょう。幼児は自由に絵を描きます。また３～４歳の子どもたちはつくりうたの天才で，知っている歌を変化させたり，即興で自由に歌詞をつくったりして歌います。このように，想像力を膨らませ，間違いを恐れずに遊ぶ幼児の姿は，しばしば見られます。しかしながら，成長するにつれ，他人と比較したり，正解／不正解の世界を知ったりして，本来備えているはずの創造性を見失ってしまうのではないでしょうか。このような考えから，筆者らは幼児期に創造性の素地を養い，児童期へとつなげる必要を感じ，子ども園や幼稚園で実践的な研究を進めてきました。その成果をもとに，本書は書かれています。

本書では，幼児に教え込んで立派なものをつくらせようというのではなく，日々の保育の活動の中で，創造性の素地を育むことを目指しています。たとえば，自発性—自分から進んでできること，表現力—自分なりに表現する力，協同性—他の人の表現を模倣したり，友達と一緒に表現を工夫したりする力が挙げられるでしょう。言葉を切り口に，唱え言葉から音楽的な表現へ発展させるプログラムを例にとると，子どもの発達段階に合わせて，人の前で言葉を唱えること，イメージをもってオノマトペを唱えること，それをもとに自分なりに身体表現をすることや，拍にのって言葉を唱えること，友達と一緒に声を合わせることなどの活動が考えられます。幼児期にこのような活動を積み重ねる経験こそが重要でしょう。

3．本書の特長

上述のように，本書の底流に流れているのは，「子どもたちの創造性を育む」という視点です。本書の特長は以下に挙げられます。

（1）豊富な保育の事例

実際に指導を行った事例をピックアップして，教材の提示方法や子どもたちの反応などを述べ，日々の保育に使えるようにしています。

（2）教材としての絵本

絵本は子どもたちに身近な文化財で，言葉と絵から感性に働きかけ，子どもたちの表現を引き出すきっかけになるでしょう。

（3）小学校への接続

小学校学習指導要領の［共通事項］には，「音楽を形づくっている要素」として，音色，リズム，速度，旋律，強弱などの「音楽を特徴付けている要素」と，反復，呼びかけとこたえ，変化などの「音楽の仕組み」が挙げられています。これらは全ての音楽活動に関わってくるものであり，もちろん音楽づくりの活動とも密接に結びつきます。本書では，これらの要素につながることを念頭に置いて，事例を記述しています。

（4）体験の重視

子どもたちは，日々の体験をもとに学んでいきます。同様に，保育者や保育者を目指す方々も，体験によってこそ，実感を伴った深い理解に到達できるでしょう。簡単な【ワーク】を作成していますので，ぜひ試みてください。

（5）日本文化に関する活動の充実

国際化が進む現代において，自国の文化を知り，それを尊重する態度を養うことが求められています。長い期間にわたって日本文化に親しむことにより，理解が深まっていきますので，幼児期から和楽器に触れたり，お祭りの音楽を聴いたりする活動は，核となる体験でしょう。特に，お祭りは地域の文化に目を向けるきっかけとなり，幼児の総合的な表現にもピッタリの題材ですし，本書でもいくつかの事例を挙げています。

（6）日本の子どもの育ちを意識したリトミック

現在，リトミックを保育に取り入れている園も少なくありません。子どもの表現は総合的なものであり，じっとして音楽を感じたり，表現したりするよりも，動きを伴う方がより自然でしょう。本書では，「音楽を特徴付けている要素」の素地を培うために，日本人に合う形にした【ワーク】を多数掲載しました。保育現場でも使っていただけます。

（7）総合的な活動への支援の方法

１年間のまとめとなる生活発表会では，劇遊びを取り上げる園も多いです。定番の劇であっても，子どもの状況や表現に合わせて，保育者は即興で音楽をつける力が必要になります。本書では，打楽器や鍵盤楽器を用いた効果音の使い方をはじめ，BGM に使えるフレーズを掲載しています。最後には，日本のお話として『ももたろう』，西洋のお話として『ブレーメンの音楽隊』の音楽を載せました。一つの例として，自由に使ってみてください。

4．本書の構成

本書は，第１章「乳幼児と音楽表現」，第２章「音を聴く活動」，第３章「子どもの声と表現」，第４章「動きと音楽表現」，第５章「楽器と表現」，第６章「総合的表現」より成っています。

第１章では，幼稚園教育要領，保育所保育指針，幼保連携型認定こども園教育・保育要領の内容のポイントを押さえつつ，乳幼児の表現の実際について述べています。まずは，乳幼児が表現する姿をイメージしつつ，次に進みましょう。

第２章は，音楽表現の基礎になる，音を聴く活動です。子どもたちはどのような音にさらされているのか，保育者はいつも意識を向けなければなりません。また，楽器の音色を聴く活動も掲載しています。しばしば見られる「大声で歌う」問題も考えてみましょう。

第３章では，子どもの声の特徴を述べ，つくりうたや，わらべうたについても詳しく書いています。保育でどのような歌を取り上げるのかについても，考えてみましょう。

第４章では，乳幼児の身体表現について述べ，拍や拍子，強弱，リズム，フレーズを感得するためのリトミックのワークも巻末に掲載しています。

第５章では，とりわけ打楽器や和太鼓のオノマトペや口唱歌を用いて，リズム感を養う事例を挙げています。保育の定番の楽器だけでなく，民族楽器の独特な音色も聴いてみましょう。手づくり楽器のつくり方も挙げています。

第６章では，お祭りの活動が生活発表会に発展していく事例を取り上げました。また，劇遊びで用いる効果音や BGM のつけ方の例を挙げています。ぜひ実際に音にして，試してみてください。

以上のように，本書は，保育者や保育者を目指す方々が使いやすいように，多くの実践例を用いて構成しています。毎日子どもたちは，保育者を模倣してたくさんのことを学んでいます。本書が，皆さん自身の創造性を高めるためにも寄与することを願ってやみません。

実践については，たちばな大路こども園，大原野こども園にご協力を頂きました。ここに深く感謝の意を表します。

本書の刊行にあたり，ミネルヴァ書房の浅井久仁人氏，辻橋香織氏には多大なお力添えを賜わりました。厚く御礼申し上げます。

※本研究は JSPS 科研費21K02478，23K02446の助成を受けています。

（佐野仁美）

目　次

第6章 総合的表現

巻末資料

第1章

乳幼児と音楽表現

最初に，乳幼児の保育・教育における領域「表現」のねらいや内容，その目指している方向性について理解しましょう。また，０歳から18歳までの学びの連続性において，「架け橋期」と呼ばれる５歳児から小学校１年生への接続は重要な課題です。「幼児期の終わりまでに育ってほしい姿」を手掛かりに，相応しい活動や教育方法を考えていきましょう。

さらに本章では，乳幼児の表現の具体例を挙げています。乳幼児期の子どもは，成長するにつれて，視野を広げて認識力を高め，周囲の人との関わりを深めていきます。子どもは周りの自然や人との関わりの中で学び，様々な知識や技術を習得していくのです。成長には個人差が見られるものですが，保育者は子どもの様子をキャッチして，発達に応じた働きかけをすることが求められるでしょう。

それでは，年齢によって，実際の子どもの表現にはどのような特徴が見られるのでしょうか。まずは，事例をもとにして，発達とともに子どもの表現が変化していく様子を見ていきましょう。子どもの豊かな想像力を育む保育者の関わりをイメージして，読み進めてください。

（佐野仁美）

第１節　領域「表現」のねらい及び内容

1.1　保育・教育の基本と領域の考え方

現在，幼稚園では幼稚園教育要領，保育所では保育所保育指針，認定こども園では幼保連携型認定こども園教育・保育要領を基本として保育・教育が行われています。それぞれに示されている「ねらい」及び「内容」は，乳児（１歳未満児），１歳以上３歳未満児，３歳以上児，の三つの年齢に分けて，その年齢の子どもの発達に応じて示されています。「ねらい」は，子どもに園生活を通して身につけてほしいことや大切にしたい事柄です。また「内容」は，ねらいを達成するために，子どもに園生活や遊びの中で経験してほしい事柄です。

３歳以上児に関しては，幼稚園教育要領，保育所保育指針，幼保連携型認定こども園教育・保育要領において同じ内容で統一されています。子どもがどの施設に通っていても，「遊びを通しての総合的な指導」や「環境を通して行う」教育により，その質が担保されるように図られています。加えて，2017（平成29）年３月の改訂時には「育みたい資質・能力」や「幼児期の終わりまでに育ってほしい姿」も記されました。これらにより，幼児期の教育は小学校以降の教育へとつながる縦軸（三つの資質・能力）と横軸（保幼の共通性）が垂直に交わるように図られています。

現行の保育内容５領域「健康」「人間関係」「環境」「言葉」「表現」は，1989（平成元）年に制定されました。それまでは６領域「健康」「社会」「自然」「言語」「絵画製作」「音楽リズム」に分類されていて，音楽表現は30年余にわたり領域「音楽リズム」で取り扱われていました。しかし多くの園において，この６領域が小学校の教科のように捉えられ，保育者主導の指導が行われる傾向にあったことへの批判などから，新しく５領域が制定されました。領域「音楽リズム」「絵画製作」に代わり，「感性と表現に関する領域『表現』」が登場したのです。

領域「表現」は，小学校の教科のように表現活動の枠組みによって整理されたものではなく，乳幼児期にどのような資質や能力を身につけておくことが大事かという視点に基づき，整理されています。また，保育者は子どもの発達の視点を重んじるとともに，子どもの自発的，主体的な表現を引き出し，援助することが望ましいとする考えを基本としています。従って，それぞれの年齢に応じて示されている「ねらい」及び「内容」を，子どもの実態と照らし合わせながら理解していきましょう。

1.2　領域「表現」で目指されていること

領域「表現」の冒頭には，１歳以上３歳未満児および３歳以上児を対象に，次の事項が記されています。

> 表現：感じたことや考えたことを自分なりに表現することを通して，豊かな感性や表現する力を養い，創造性を豊かにする。

この文章を前半と後半に2分割すると，次のようになります。

① 感じたことや考えたことを自分なりに表現することを通して

② 豊かな感性や表現する力を養い，創造性を豊かにする

後半の②は，領域「表現」において目指そうとしている目標について，前半の①はその目標に向かう手法について記載されています。目標は次の三つの事項です。

a. 豊かな感性を養う

b. 表現する力を養う

c. 創造性を豊かにする

これらa. b. c. は相互に関連しています。特に「創造性 Creativity」は「豊かな感性」や「表現力」によって引き起こされ，新しくつくり出されていきます。子どもの音楽表現の指導にあたっては，これら三つを総合的に育成する視点が大切です。

1.3　乳児（1歳未満児）におけるねらい及び内容

乳児（1歳未満児）の保育に関するねらい及び内容は，1歳以上児が5領域の視点から示されているのに対し，三つの発達的視点（身体的，社会的，精神的）から記されています。そのうち，領域「表現」に関わる事項は，精神的発達に関する視点「身近なものと関わり感性が育つ」の中で，次のように示されています。

> ウ　身近なものと関わり感性が育つ
>
> 身近な環境に興味や好奇心をもって関わり，感じたことや考えたことを表現する力の基盤を培う。
>
> （ア）ねらい
>
> ① 身の回りのものに親しみ，様々なものに興味や関心をもつ。
>
> ② 見る，触れる，探索するなど，身近な環境に自分から関わろうとする。
>
> ③ 身体の諸感覚による認識が豊かになり，表情や手足，体の動き等で表現する。
>
> （イ）内容
>
> ① 身近な生活用具，玩具や絵本などが用意された中で，身の回りのものに対する興味や好奇心をもつ。
>
> ② 生活や遊びの中で様々なものに触れ，音，形，色，手触りなどに気付き，感覚の働きを豊かにする。
>
> ③ 保育士等と一緒に様々な色彩や形のものや絵本などを見る。
>
> ④ 玩具や身の回りのものを，つまむ，つかむ，たたく，引っ張るなど，手や指を使って遊ぶ。
>
> ⑤ 保育士等のあやし遊びに機嫌よく応じたり，歌やリズムに合わせて手足や体を動かして楽しんだりする。

乳児は短期間で感覚や運動の機能が著しく発達します。また，特定の大人との安定した関係を拠りどころに，乳児自らが身近な環境に興味や好奇心をもって関わろうとする特徴があります。したがって，大人は乳児の働きかけに対して温かく受容的，応答的に関わり，乳児の「見てみたい」「触ってみたい」「動かしてみたい」などの探索意欲が満たされるよう保障していくことが大切です。乳児期に，音，形，色，手触りなどに気付き，身体の諸感覚の働きを豊かにしていくこと，ならびに手足や体を十分に動かして遊びを楽しむことが，その後の「自分なりに表現」する力の基盤となっていくのです。

1.4　１歳以上３歳未満児におけるねらい及び内容

１歳以上３歳未満児の領域「表現」のねらい及び内容は，３歳以上児と同じく５領域の視点から示されています。これらは，子どもの発達に即して示されているため，３歳以上児のそれとは少し表現が異なります。

（ア）ねらい

① 身体の諸感覚の経験を豊かにし，様々な感覚を味わう。
② 感じたことや考えたことなどを自分なりに表現しようとする。
③ 生活や遊びの様々な体験を通して，イメージや感性が豊かになる。

（イ）内容

① 水，砂，土，紙，粘土など様々な素材に触れて楽しむ。
② 音楽，リズムやそれに合わせた体の動きを楽しむ。
③ 生活の中で様々な音，形，色，手触り，動き，味，香りなどに気付いたり，感じたりして楽しむ。
④ 歌を歌ったり，簡単な手遊びや全身を使う遊びを楽しんだりする。
⑤ 保育士等からの話や，生活や遊びの中での出来事を通して，イメージを豊かにする。
⑥ 生活や遊びの中で，興味のあることや経験したことなどを自分なりに表現する。

この時期になると，歩く，走る，跳ぶなどの基本的な運動機能が乳児期よりも発達し，生活習慣においても手を使ってできることが増え，身の回りのことを自分でしようとします。また，身体の諸感覚を通して，音，形，色，手触り，動き，味，香りなどを味わう中で，自分の感じ取ったことを言葉で友達や保育者に伝えようとします。さらに絵を描く，音楽やリズムに合わせて身体を動かす，楽器を鳴らす，歌を歌うなど，言葉以外の様々な方法を用いて自分なりに表現しようとします。保育者は，子どもの感じたことや考えたことを表現しようとするプロセスに目を向け，応答的，共感的に関わることが大切です。

1.5　３歳以上児におけるねらい

３歳以上児の領域「表現」には，次の三つのねらいが示されています。

（ア）ねらい
① いろいろなものの美しさなどに対する豊かな感性をもつ。
② 感じたことや考えたことを自分なりに表現して楽しむ。
③ 生活の中でイメージを豊かにし，様々な表現を楽しむ。

ねらい①項は，「感性」に関する項目です。ここでは，心を動かし，美しいものなどに気付く感受性を身につけることが目指されています。

①項で示されている「感性 Sensibility」とは，一般に「外界の刺激に応じて感覚・知覚を生ずる感覚器官の感受性」と認識されています。つまり感性とは，外的な刺激に対する内的な敏感さ，あるいは感応のしやすさを意味します。では，「豊かな感性」とは，具体的にどのようなことを意味するのでしょうか。片岡（1990）は，その著書の中で「私たちが豊かにしたい感性」とは，単なる感受性ではなく「価値あるものに気づく感覚」であると述べています（p.75）。この「価値あるもの」の具体例として，ねらい①項には「美しさ」が挙げられていますが，「内容の取扱い」には「優れたもの」「心を動かす出来事」も示されています。また，その具体例として「風の音や雨の音，身近にある草や花の形や色など自然の中にある音，形，色などに気付くようにすること」と記されています。ここでは「音」との出会いの具体例に，風や雨などの自然音が示されています。つまり，身近な自然や社会の中に存在する，価値あるものにも気付くことの大切さが示されているのです。

身近な生活環境の中に価値あるものを見いだす感受性は，大人から「これが美しさです」と指導されて養われるものではなく，子どもが主体となって五感を働かせ，「きれいだな」「ふしぎだな」と心動かされる体験を積み重ねる中で，徐々に養われていきます。従って，保育者は子どもがそこにあるものに気付き，その価値を受け入れていくことができるように仕掛けていく必要があります。例えば，雨の音を感じる環境づくりとして，デッキに素材の異なるバケツやたらいを置く，風の音を感じる環境づくりとして，風鈴をつるす，貝殻のカーテンをつけるなどです。どのような演出をすれば子どもがその音の価値に気付き，音に対する感受性が養われるのか，保育者自身の感性も問われています。

ねらい②項は，「表現」に関する項目です。ここでは，保育者の環境づくりによって，子どもがその子らしい自己表現を心から楽しめることが目指されています。

②項に示されている「自分なりに表現して」は，その子らしい自己表現やその子が表そうとする意欲を尊ぶことの大切さを示しています。「内容の取扱い」にも示されているように，子どもの自己表現は大人のそれと比べて素朴で直感的であるため，保育者は出来栄えの良し悪しではなく，自己表現に至るまでの過程に価値を見い出し，援助する必要があります。子どもの心の中で起こっている「感じる，気付く⇒考える，イメージする⇒表現する」という，目に見えない心の働きを読み取る力が大切なのです。

そのため保育者は，幼児が表現しようとする姿をよく観察し，その意欲が持続するように，環境を整える必要があります。例えば，子どもが身近な木の棒とバケツを用いて様々な音を出している場面で，「これは〇〇みたいな音が出るね，おもしろいね」と共感したり，「こうしてみたらどうかな」と別の表現方法を提示したり，「〇〇ちゃんはこうしているよ」と友達の表現にも触れられるように配慮することが求められます。

ねらい③項は，「イメージ」に関する事項です。ここでは，表現の意欲の源となるイメージが，子どもの心に豊かに蓄積されていくことが目指されています。③項で示されている「イメージ Image」は，一般に「心に浮かぶ像，心象，印象」と訳されます。子どもは保育者や親しい友達との関わりの中で，あるいは自然の事象やあらゆる素材やモノや音などを，見たり，聞いたり，触ったりする体験を通して，心の中に様々なイメージを蓄積していきます。心に蓄積されたイメージは，友達とのごっこ遊びや見立て遊びなど，遊びや活動の中で共有されていきます。子どもは友達や保育者とイメージを共有していく中で，さらに新たな刺激を受け，自分なりの表現方法を思考し，試したり工夫したりして楽しみます。保育者は子どもに正しい表現方法を押しつけるのではなく，子どもの心の中に蓄積されたイメージが豊かに溢れ，表現が生み出されることを待つ姿勢が大切です。

保育者は，これら三つのねらいが５領域にわたる総合的な指導によって達成されるように，幅広く捉えていく必要があります。

1.6　３歳以上児における内容

３歳以上児の領域「表現」の内容には，三つのねらいを達成するために，生活や遊びの中で子どもが経験する事項として，次の８項目が示されています。

（イ）内容

① 生活の中で様々な音，形，色，手触り，動きなどに気付いたり，感じたりするなどして楽しむ。
② 生活の中で美しいものや心を動かす出来事に触れ，イメージを豊かにする。
③ 様々な出来事の中で，感動したことを伝え合う楽しさを味わう。
④ 感じたこと，考えたことなどを音や動きなどで表現したり，自由にかいたり，つくったりなどする。
⑤ いろいろな素材に親しみ，工夫して遊ぶ。
⑥ 音楽に親しみ，歌を歌ったり，簡単なリズム楽器を使ったりなどする楽しさを味わう。
⑦ かいたり，つくったりすることを楽しみ，遊びに使ったり，飾ったりなどする。
⑧ 自分のイメージを動きや言葉などで表現したり，演じて遊んだりするなどの楽しさを味わう。

これらのうち，①②項では，身の回りの音やモノとの出会いを通して，感性やイメージを豊かにすることの大切さについて記されています。幼稚園教育要領解説（以下，解説と記す）には，①項について「幼児は，生活の中で様々なものから刺激を受け，敏感に反応し，諸感覚を働かせてそのものを素朴に受け止め，気付いて楽しんだり，その中にあるおもしろさや不思議さなどを感じて楽しんだりする。そして，このような体験を繰り返す中で，気付いたり感じたりする感覚が磨かれ，豊かな感性が養われていく」と記されています（p.235）。

子どもの心の中に起こる働きを，無藤・吉永（2016）は「感受」とみなし，音の感受として「音感受」の概念を提唱しました。その中で，「音楽表現の芽生えともいえる前音楽的な表現では，子どもを取り巻く環境に存在するあらゆる音素材が，音感受の対象になっていると考えられる」と述べています（p.31）。ここでは，音楽的な表現力の素地は音感受にあり，音感受の始まりは身の回りにある自然や社会や人の声にあると考えられています。つまり，幼児期には生活する中で聞こえてくる価値ある音に耳を傾け，「聴く」体験を積み重ねていくことが大切だと考えられているのです。

③項では，子どもの感動体験を保育者や友だちと共有することの大切さが記されています。子どもは，感動を共有する相手がいると，感動の意味を明確にすることが可能となり，その感動体験が深まります。解説では「幼児が感動体験を表したり，伝えようとしたりするためには，何よりも安定した温かい人間関係の中で，表現への意欲が受け止められることが必要」とあります（p.237）。保育者は，子どもの言葉にならない表しをまるごと受け止め，仲立ちとなってその感動を皆にも伝え，感動を分かち合う喜びを十分に味わうことができるように援助することが大切です。子どもは，このような経験の積み重ねによって，子ども同士で感動を伝え合うようになり，やがて自分とは異なる感性があることに気付いていくのです。

④項では，感じたことや考えたことを音や動きなどで表現するよう記されています。保育者は子どもの自己表現に至るプロセス「感じる⇒考える⇒表現する」を，その動作や声や表情から読み取るよう努めることが大切です。また，「どのように感じたのか」「なぜそう思ったのか」など，子どもに直接問いかけて，そのプロセスを言葉で具体的に捉えることも必要です。子どもが自分の思いを音や動作に託して表現する喜びや楽しみを感じるためには，制限されることなく，安心して自分を出せる環境が必要です。そのため，保育者はゆったりとした時間を確保し，子どもの素朴な表現を共感的に受容することが大切です。

⑤項では，様々な表現の素材を準備しておくことの大切さが記されています。子どもは遊びの中で，様々な素材の音や形や色などを見立てたり組み合わせたりして，自分なりの表現を楽しみます。また，素材と関わる中で，その素材の特性を知り，その素材を生かす方法を自ら生み出していくこともあります。保育者は，子どもがその素材を使用することによって表現の幅やイメージが膨らむように，子どもにとって魅力ある素材や用具を準備する必要があります。

⑥項では，音楽表現の歌唱活動や器楽活動に関する内容が記されています。解説には「幼児自らが音や音楽で十分遊び，表現する楽しさを味わう」ことや，「音楽に親しみ楽しめるような環境を工夫する」ことの大切さが記載されています（p.240）。これは，発表会などの行事における行き過ぎた技術指導に対する留意事項とも捉えられます。例えば，器楽活動や歌唱活動の際に，大人が訓練的に教え込む技術偏重の指導は避けたい行為です。大人が一方的に技術指導を行うよりも，子どもの心が満たされるまで探索的に楽器と関わり，楽しみながら歌を歌う時間を確保することが大切です。また，文化的な実践への参加を促す演出も必要です。子ども

は，大人や年長者が演奏を楽しむ姿を見聞きし，文化的な楽曲に触れることで審美性が育ち，文化的な実践に対する意欲や憧れをもつことができます。こうした体験の積み重ねが，充実した音楽経験へとつながっていくのです。

⑦項では，造形表現の活動に関する内容が記載されています。子どもは自分がイメージしたことや考えたことや体験したことを，絵や粘土や折り紙など様々な方法を用いて表現することを楽しみます。解説では「幼児の表現意欲を満足させ，表現する喜びを十分に味わわせることが必要である」とあります（p.241）。そのため保育者は，子どもの表現の幅が広がるような，多様な素材や用具を準備したり，援助したりしながら，子どもの自己表現しようとする気持ちを捉え，表現する喜びを十分に味わえる環境を整えることが求められます。

⑧項では，ごっこ遊びや演劇表現の活動に関する内容が記載されています。子どもは園生活の中で，友達とイメージを共有し合い，相手と一緒になって見立てをし，役割を相互に決めて，ごっこ遊びをするようになります。ごっこ遊びが豊かに発展していくためには，それぞれのもつイメージが共有され，共通したストーリーやルールの中で必要な道具をつくり，それらを用いて演じて遊ぶ，というプロセスを経験することが大切です。その際，多様なイメージを引き出す道具や用具，素材が準備されていることや，イメージの世界が広がるスペースの確保が重要です。

参考・引用文献

文部科学省（2018）『幼稚園教育要領解説　平成30年３月』フレーベル館。
厚生労働省（2018）『保育所保育指針解説　平成30年３月』フレーベル館。
片岡徳雄（1990）『子どもの感性を育む』日本放送出版協会。
無藤隆監修／吉永早苗（2016）『子どもの音感受の世界——心の耳を育む音感受教育による保育内容「表現」の探究』萌文書林。

（山内信子）

第２節　音楽表現の保幼小接続

2.1　幼児教育と小学校教育の「接続」とは

2017年改訂の幼稚園教育要領等では，「幼児期の終わりまでに育ってほしい姿」（10の姿）が示されました。これは，保育者と小学校教諭が就学前の子どもの姿を共有するための手掛かりとされています。また，「幼児期において育みたい資質・能力」は，小学校の教科学習の基盤となる三つの柱「資質・能力」へと系統的につながっています。

幼稚園教育要領解説では，小学校教育との接続について「幼児期から児童期への発達の流れを理解すること」や「子供の発達を長期的な視点で捉え，互いの教育内容や指導方法の違いや共通点について理解を深めること」の重要性が示されています（p.92）。

また，小学校学習指導要領第１章「総則」第２の４「学校段階等間の接続」（１）では，次のように示されています。

（１）幼児期の終わりまでに育ってほしい姿を踏まえた指導を工夫することにより，幼稚園教育要領等に基づく幼児期の教育を通して育まれた資質・能力を踏まえて教育活動を実施し，児童が主体的に自己を発揮しながら学びに向かうことが可能となるようにすること。［中略］特に，小学校入学当初においては，幼児期において自発的な活動としての遊びを通して育まれてきたことが，各教科等における学習に円滑に接続されるよう，生活科を中心に，合科的・関連的な指導や弾力的な時間割の設定など，指導の工夫や指導計画の作成を行うこと。

（注：下線は筆者）

このように，幼稚園教育要領と小学校学習指導要領に「資質・能力」および「幼児期の終わりまでに育ってほしい姿」や，双方の「違いや共通点についての理解を深める重要性」が示されたことで，幼児教育と小学校教育の円滑な「接続」の重要性が明確化されました。いわゆる「小１プロブレム」（新保2001）が社会問題化した頃は，小１プロブレム対策を中心として，小学校との「連携」が図られていました。「連携」とは，子ども同士の交流活動や，保育者と小学校教諭との合同研修などを通して交流を行っていくことです。しかし今日では，その目的が教育内容の「接続」へと変化し，０歳から18歳まで続く学びの連続性や一貫性が重視されるようになったのです。

2.2　教科「音楽」と「(10) 豊かな感性と表現」との関連性

小学校の教科「音楽」では，10の姿のうち，特に関連の深い「豊かな感性と表現」を出発点として，音楽の学習へとつないでいます。つまり，幼児期に育まれた「自分なりに表現すること」や，音や音楽を用いた「表現する喜び」や「意欲」「豊かな感性」が，音楽を学習する上での基盤となるのです。また，「豊かな感性と表現」と「幼児期に育みたい資質・能力」の関係は，以下のように整理できます。

> (10) 豊かな感性と表現
> 心を動かす出来事などに触れ感性を働かせる中で，①様々な素材の特徴や表現の仕方などに気付き，②感じたことや考えたことを自分で表現したり，③友達同士で表現する過程を楽しんだりし，表現する喜びを味わい，意欲をもつようになる。

下線（筆者による）は，「資質・能力」①知識及び技能の基礎，②思考力，判断力，表現力等の基礎，③学びに向かう力，人間性等，と関係しています。

また，小学校学習指導要領（平成29年告示）解説音楽編，第２章第１節「音楽科の目標」には，次のように示されています。

> 表現及び鑑賞の活動を通して，音楽的な見方・考え方を働かせ，生活や社会の中の音や音楽と豊かに関わる資質・能力を次のとおり育成することを目指す。
> （１）曲想と音楽の構造などとの関わりについて理解するとともに，表したい音楽表現をするために必要な技能を身に付けるようにする。
> （２）音楽表現を工夫することや，音楽を味わって聴くことができるようにする。
> （３）音楽活動の楽しさを体験することを通して，音楽を愛好する心情と音楽に対する感性を育むとともに，音楽に親しむ態度を養い，豊かな情操を培う。

小学校の「音楽」では，「生活や社会の中の音や音楽と豊かに関わる資質・能力の育成」が目指されています。その具体的な資質・能力として，（１）に「知識及び技能」の習得，（２）に「思考力，判断力，表現力等」の育成，（３）に「学びに向かう力，人間性等」の涵養（かんよう），に関する目標が示されています。幼児教育では「豊かな感性」「自分なりに表現する力」「創造性を豊かにする」ことが重んじられていますが，小学校教育では「音楽的な見方・考え方」を働かせることや，自分の表したい音楽表現に必要な「技能を身に付ける」ことが求められます。なかでも「音楽的な見方・考え方」は，「音楽科を学ぶ本質的な意義の中核をなす」ものであり，それは「音楽に対する感性を働かせ，音や音楽を，音楽を形づくっている要素とその働きの視点で捉え，自己のイメージや感情，生活や文化などと関連付けること」と解説されています（p.10）。つまり，様々な音楽活動（歌うこと，楽器を演奏すること，音楽をつくること，音楽を聴くことなど）を通して，音楽に対する感性を働かせ，リズム，音色，速度，強弱，フレーズなど「音楽を形づくっている要素」を捉え，自分の感情や音楽の背景にある文化などに関連づけることによって，音楽の学習がより一層充実すると考えられているのです。

2.3　円滑な「接続」を目指した音楽表現の活動

小学校教育の「音楽的な見方・考え方」は，幼児教育においても音楽表現の様々な活動（歌うこと，楽器を演奏すること，音楽をつくること，音楽を聴くこと）を行う中で，無自覚に育っていきます。ゆえに，小学校教育への「接続」を目指した音楽表現の活動において，保育者は「音楽的な見方・考え方」を意識しながら実践していく必要があります。特に，「音楽を形づくっている要素」への理解は重要と考えられます。小学校学習指導要領解説音楽編の〔共通事項〕では，「音楽を形づくっている要素」を二つに分けて次のように示しています（p.26）。

ア　音楽を特徴付けている要素
　音色，リズム，速度，旋律，強弱，音の重なり，和音の響き，音階，調，拍，フレーズなど
イ　音楽の仕組み
　反復，呼びかけとこたえ，変化，音楽の縦と横との関係など

「接続」を踏まえた音楽表現の活動においては，これらを手掛かりとして幼児にふさわしい「ねらい」を設定し，具体的な活動を展開していくことが期待されます。

小学校では学習指導要領に基づいて作成された教科書が用いられていますが，その中には，全国どの小学校においても音楽の授業で取り扱われる共通教材があります。例えば，第１学年の共通教材には文部省唱歌《うみ》《かたつむり》や，わらべうた《ひらいたひらいた》があります。このように，小学校低学年の共通教材には幼児教育においても親しみやすい教材が含まれているため，まずはどのような楽曲が教科書で取り扱われているのか，知識を得ることが大切です。

また，領域「環境」の内容（６）では「我が国や地域社会における様々な文化や伝統に親しむ」と記されており，内容の取扱い（４）では「唱歌」「わらべうた」「伝統的な遊び」が挙げられています。なかでも「わらべうた」は動きと言葉と音楽とが自然に結びついた「伝統的な遊び」の一つであり，音楽の仕組みである「反復」「呼びかけとこたえ」や，音楽を特徴付けている日本固有の「音階」の要素も含まれています。したがって，子どもたちが「わらべうた」を遊び込む中で，音楽を形づくっている要素を体得することが期待されます。

加えて，領域「言葉」の「内容の取扱い」（４）では「言葉の響きやリズム，新しい言葉や表現などに触れ，これらを使う楽しさを味わえるようにすること。その際，絵本や物語に親しんだり，言葉遊びなどをしたり［後略］」と記されています。「絵本」を用いた保幼小接続を目的とした実践では，佐野ら（2016），岡林ら（2017）がオノマトペの絵本を教材として，身体表現活動や民族楽器を用いた音楽づくりを展開した事例を紹介しています。岡林らは小学校低学年の教科書でもオノマトペが多用されていることから，オノマトペの絵本は接続期の子どもたちに理解されやすく，円滑な音楽表現の活動を行うために有用な教材であると示しています（p.80）。

このように，小学校「音楽」の教育目標や共通教材の知識を得た上で，「唱歌」「わらべう

た」「（オノマトペに着目した）絵本」などの教材を，音楽表現の活動に用いていくことが，保幼小の円滑な「接続」に有用であると考えられます。

引用・参考文献

文部科学省（2018）『小学校学習指導要領（平成29年告示）解説総則編』東洋館出版社。

文部科学省（2018）『小学校学習指導要領（平成29年告示）解説音楽編』東洋館出版社。

新保真紀子（2001）『「小１プロブレム」に挑戦する――子どもたちにラブレターを書こう』明治図書出版。

文部科学省（2018）『幼稚園教育要領解説　平成30年３月』フレーベル館。

佐野仁美・岡林典子・坂井康子（2016）「『音楽づくり』へつなげる幼児の表現遊び――絵本を用いた実践をもとに」関西楽理研究 XXXIII，pp.15-31。

岡林典子・難波正明・深澤素子・砂﨑美由紀・山崎菜央・高橋香佳・大瀧周子（2017）「幼小をつなぐ音楽活動の可能性（４）――絵本を用いた『表現遊び』から『音楽づくり』へ」京都女子大学発達教育学部紀要第13号，pp.73-83。

（山内信子）

第３節　乳幼児の発達と表現

3.1　乳児の表現

（1）音やリズムも大切な環境

０歳児にとっては，見るもの触るもののすべてが初めてです。なるべくきれいなものや，優しい音の環境を設定しましょう。赤ちゃんは周りの音に興味を示します。赤ちゃんの玩具には音の出るものがたくさんあり，０歳の子どもでも，自分で鳴らすことができます。発達には個人差がありますが，４か月の赤ちゃんは差し出されたガラガラをつかんで口に入れたり，振って鳴らしたりします。７か月になるとお座りができて，「ずりばい」で移動し始めます。９か月頃からはつかまり立ちをして伝い歩きを始め，10か月頃には意味のある言葉を発するようになります。回したり，叩いたり，転がしたりして，音が鳴ると「ほら，聴こえた？」と得意そうに保育者の顔を見て，音につられて何度もやってみる姿が見られます。既成の玩具だけでなく，開けたり閉じたりする時に音が出るジッパーを用いるなど，保育者が手づくりしても良い

写真１－１　布を巻いたミルク缶

写真１－２　ミルク缶をバチで叩く１歳児

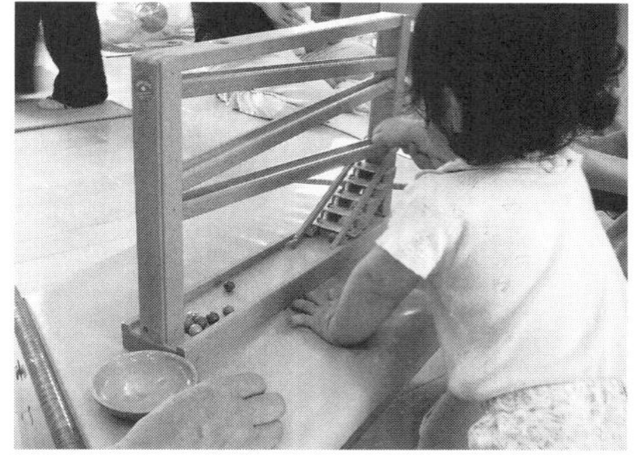

写真１－３　転がすと音が出るおもちゃ

写真１－４　プールで水をかき回して，音を楽しむ１歳児

写真１－５　落葉プールを楽しむ２歳児

写真１－６　わらべうたを楽しむ０歳児

ですね。

１歳頃からは歩行が始まり，簡単な言葉の指示を理解し始め，「ワンワン」「ブーブー」などで物や事を表現し出します。【写真１－１】【写真１－２】は布で巻いたミルク缶とそれをバチで叩く１歳児です。ミルク缶にガムテープを巻くと，また異なる音がします。この子どもたちは，３歳児の「お祭りごっこ」を見に行って，それを真似ています（第２章第１節【事例２－２】参照)。このような身近な楽器を鳴らす経験を積み重ねて，３歳児では，太鼓やタンブリンを自然に鳴らすことができるようになるのです。

子どもたちは，身近な音や自然の音に気付きます。例えば，屋根に雨が打ちつける音や，水たまりを触った時の感触や音を楽しみ，風の音や雷の音にも反応します。【写真１－４】はプールの水をかき回して，音を楽しむ１歳児です。秋には，プールに入れた落葉をかぶったり，踏んだりして出る音が好きで，繰り返し遊びます【写真１－５】。

（２）保育者とのふれあいで楽しむわらべうた

子どもの周囲の音環境で重要なものに，大人や友達の声があります。なかでも，言葉を明瞭に話せない乳児にとって，大人の語りかけは大切で，わらべうたはその中の一つです。１対１や，少人数で優しく語りかけるわらべうたは，「私に語りかけてくれている」「大切にしてもらっている」と乳児に感じさせ，愛着関係を深めたり，自己肯定感を育んだりすることが期待できます【写真１－６】。

何げないやりとりでも，わらべうたによって子どもの顔は明るくなり，目が輝きます。子どもは，大好きな人や身近な人の声を覚え，その人が歌ってくれることに安心します。【事例１－１】からは，わらべうたが乳児とのコミュニケーションのツールになっていることが分かります（わらべうたの譜例や遊び方は第３章第３節参照)。

子どもは，おもしろい言葉や繰り返しやリズムがある言葉，オノマトペ（第２章第１節【コラム２－２】参照）が大好きです。「いないいないばあ」のように，身振りや手振りの表現も伴うと，一層笑顔になります。例えば，《ちょちちょちあわわ》を10か月頃の子どもに数回やって見せると，「ちょちちょち」と言っただけで，「あわわ」の口をするようになります。

わらべうたは簡単な旋律で覚えやすい歌が多く，子どもはすぐに覚えて，繰り返し楽しみます。耳に馴染みやすいのも，わらべうたの魅力です。わらべうたによって，１人だけでなく，「皆で一緒に楽しむ」遊びを簡単に実現できるのです。

事例１－１　**０歳児のわらべうた《いっぽんばしこちょこちょ》遊び**

８月の０歳児クラスでは，保育者が《いっぽんばしこちょこちょ》のわらべうたを歌うと，A児は笑顔を見せて喜び，もっとしてほしいと，「ん！　ん！」と手を出しました。B児は友だちが楽しんでいるのを見て，自分から寄ってきて手を出しました。

９月になると，C児は「かいだんのぼって」のところで，次に「こちょこちょ」が来ることが分かり，声を出して笑っていました。10月には，D児が遊び終わると，人さし指を立てて，もう１回してほしいと催促していました。他のわらべうたで遊んでいる時も，歌い終わるとこのしぐさをしていて，《いっぽんばし》が子どもの中に根づいていることが分かりました。

１歳児は，必ず同じことが起こる繰り返しに安心しておもしろさを感じ，単純であっても，何度も同じ動きをしようとします。例えば，絵本『だるまさんが』の絵にあわせて，何度も言葉を発し，身体表現をして楽しみます。このように，子どもは，次のページに期待通りのものが出てくることが嬉しいのです。絵本『いないいないばあ』においても，保育者の顔が出てくるやりとりを何度も楽しみます。うっすら見えている安心感があるのか，オーガンジーの布を使って「いない いない」と顔を隠しても，嬉しそうにしています。

作：かがくいひろし，ブロンズ新社，2008

文：松谷みよ子，絵：瀬川康男，童心社，1967

事例１－２　**わらべうた遊びから育まれた協同性の芽生え**

１歳児クラスでは，保育者が子どもたちにわらべうた遊びをするだけでなく，９月にはそれを真似て，子どもから友達に，《いっぽんばしこちょこちょ》や《にぎりぱっちり》などの簡単なわらべうたを歌って遊ぶ姿が見られるようになりました。11月になると，《いもむしごろごろ》《おせんべやけたかな》などの歌にあわせて，皆でリズムにのって太鼓を叩きました。２月には，保育者の膝に『あぶくたった』の絵本を持ってきて，保育者が歌うのに合わせて楽しんでいましたが，そのうち１人で本を見ながら「あぶくたった にえたった」と歌を繰り返すようになりました。また，落葉を階段に集め，「鍋で煮ているの」と言いながら《あぶくたった》を歌って，「まだ煮えない」と応え，煮えたら保育者に「できた」とご馳走してくれる子どもの姿も見られました。

２歳児クラスでは，『おせんべやけたかな』の絵本で，保育者や友達と一緒に遊びました。冬になると，戸外で《だるまさんがころんだ》を保育者や友達と一緒に楽しみました。鬼が後ろを振り返ったら「ピタッ」と止まるというルールが分かってきて，止まりながら自慢げに笑顔になっていました。

構成・絵：さいとうしのぶ，ひさかたチャイルド，2009

構成・文：こがようこ，絵：降矢なな，童心社，2018

２歳になると，保育者は数人の子どもたちに絵本の読み聞かせをすることが増えます。【事例１－２】では，最初はわらべうたを保育者と歌ったり，体を触られたりして楽しんでいた１歳児の子どもが，真似て自分で歌い出し，他の子どもに保育者と同じようにしてあげる姿が見られました。２歳児は，まだクラスの皆で遊ぶ訳ではありませんが，一緒にいることが仲間であり，嬉しいと感じています。自分の表現を見てもらうことが嬉しく，一緒に踊ったり，歌ったりします。保育者との楽しいやり取りが重要な役割を果たし，人間関係が広がっていきます。わらべうたはその仲立ちをするのです。

２歳児後半になると，スウェーデンの遊び歌《むっくりクマさん》を歌って鬼ごっこをします。この曲は，ルールのある遊びの最初の経験になるでしょう。わらべうたは，もともと子どもたちの遊びの中で生まれましたが，子どもたちは，《だるまさんがころんだ》など，歌のリズムで遊び方を覚えることが多いです。言葉で伝えなくても，歌のリズムや言葉を使った遊びの経験から，自然にルールを学んでいきます。

０歳や１歳では，保育者とのわらべうた遊びが中心でしたが，２歳になると，簡単な季節の歌も保育に取り入れられます。多くの音を聴き分けられない段階の子どもにとっては，ピアノ伴奏よりも保育者の声が大切で，保育者の声に合わせて皆で歌う活動が多いです。《あわてんぼうのサンタクロース》の「リンリンリン」の箇所を鈴で振りながら，歌って楽しむ活動もできるようになります。　（貞松朋子）

3.2　幼児の表現

（1）３歳児の表現

３歳児は，思いを言葉で十分に表現できないもどかしさをもっています。伝えたい思いはたくさんあるものの，人の話を聞くより自分の話を聞いてほしいと，一方的に話す姿が見られます。【事例１－３】では，ままごとでお母さんやお姉さん，イヌやネコになりきって，普段の生活の会話を友達と一緒にしています。お料理の場面では，家で聞いている包丁のトントントンという音が自然と言葉に出て，音に合わせて雰囲気を表現しています。恥しさが出る５歳児とは異なり，３歳児はお母さんになりきって話します。お鍋がグツグツ煮えている様子を音で再現して，遊びの中で楽しんでいます。自分の経験を友達に話しますが，応答関係は築けていません。自らの思いを話せたことに各々が満足しているのです。

事例１－３　３歳児のままごと

３歳児の子どもたちは，包丁を持って切る場面でトントントン，お塩を入れてサッサッサ，お鍋に入れてかき混ぜてグルグル，ジュージューと言いながら，お母さんのように道具を持って，料理をしています。野菜を切っている様子を，耳に心地よい音で，自然に表現しています。ネコにご飯をあげる場面では，「にゃあにゃあ」と言うなど，家庭の場面を再現して，そこに入り込んでいます。

「私，お母さんね」と自分がお母さんになって，友達に「一緒にままごとして遊んでいるよねー」と言って，仲間意識をもって遊んでいます。しかし，実はそれぞれが想像しているものや情景は違っていることもあります。それでも場を共有して遊んでいるのです。

【事例１－４】のように，３歳児は劇遊びでも登場人物になりきり，自分の出番になったら「ワンワン」と言いながら，犬の格好をして，恥ずかしがらずに登場します。例えば，「あなたはだあれ？」「ぼくはへびだよ」「あなたはだあれ？」「いぬ」「あなたはだあれ？」「おばけ」「キャー」と逃げて楽しむというように，パターンになった会話でやりとりを楽しみ，何度も繰り返します。３歳児は，自分たちが楽しく演じているのを見てもらうのが嬉しいと感じますが，まだ自分で何かをつくり出すことはできません。

玩具を鳴らしたり，打ったりするこれまでの楽しい経験が，子ども自身で楽器遊びを始めることにつながっていきます。保育者が歌うと，それに合わせて，カスタネット，タンブリン，鈴，手づくり楽器などを用いてリズムを打って楽しみます。季節の歌を歌うことが中心となっていき，クラスで手遊びも行っていきます。

事例１－４　３歳児の劇遊び

３歳児は登場人物になりきって，身体表現や鳴き声の表現をします。繰り返しのある言葉を覚えて，やり取りを楽しんでいます。恥しいという思いより，おばけやイヌ，ネコ，ウサギ，ライオン，ワニ，怪獣など，自分のイメージする動きで，登場人物になりきることを優先して，楽しみます。「次は，ウサギになろう」「かいじゅうがいい」など，なりたいものに変身して，「おふろに入っているのはだーれ？」「ウサギとワニ」「あなたはだーれ？」「ぼくライオンだよ」のように，パターンになった繰り返しの言葉を好み，相手が次はこのように言ってくれることを期待して，答えるのにワクワクしています。

（２）４歳児の表現

４歳児は，友達を意識して一緒に遊ぶことを楽しむようになります。なりきって遊ぶことも好きですが，友達と相談して，ルールのある遊びや，ゲームを進められるようになります。思いを言葉にのせて発することもできますが，十分ではありません。自分の思いを主張して，まだ友達の思いを汲むことができない段階で，自分たちで折り合いをつけることはできません。４歳児は，一緒に遊んだり，ゲームをしたりして，自分の意見を出し合いますが，「じゃあ，私はこうする」のような駆け引きには至らないのです。ちなみに５歳児では，「今回はあなたの言う通りにしてあげるから，次はこうしてね」というやりとりが可能になります。

３歳児のように，一緒にいても別々のことを考えているという関係ではなく，４歳児では友達への意識が高まります。【事例１−５】の「お祭りごっこ」では，一緒にお神輿をつくって担ぐというそれまでの流れを理解して，自分の「ワッショイ」や友達の〝ワッショイ　ワッショイ」という言葉や雰囲気が一つになっていきます（第６章第１節参照）。４歳児は，お神輿をつくって，うちわであおぎながら皆で歩いていくのが楽しいと感じ，そのような遊びが展開されていきます。

４歳になると，少し難しいトライアングルも使うようになります。表現することの楽しさを感じ，表現する姿を見てほしいという気持ちが出てきます。同じ活動でも，やりたい子どもと，そうでない子どもという個性が目立ってくるのも，この時期です。決まったことを皆でやっていくのは４歳児の特徴ですが，まだオリジナルなものをつくり出すのは難しい段階です。

事例１−５　４歳児の「お祭りごっこ」

近くの神社でお神輿を見てきたことから，お神輿づくりが始まりました。子どもたちは，「ワッショイ　ワッショイ」の掛け声とリズムのおもしろさや，皆で目的が一つとなって一緒に担ぐ活動を楽しんでいました。この活動から，自分と友達の楽しさが交わった感覚を肌で感じることができました。

（３）５歳児の表現

５歳児は，友達と一緒にどうすればよいかを考えます。一つの事柄から次のことを想像して展開し，「こうしたらどう？」「じゃあこれつくろう」のように，どんどんイメージが広がっていきます。「つくろう」とか，「遊ぼう」とか皆で意見を出し合って，そこから「こうしてみようか」と，次第に内容を決められるようになってくるのです。それをつくる力量も伴い，友達と一緒にいるのが楽しくて仕方がない様子が見られます。

そして劇遊びでは，自分たちで経験したことを思い出し，「こうしようか」「どうしたらいい？」「こんなものをもってきたらいいのでは」と，５歳児なりに考えてつくっていきます。全体が見えて，見通しがもてるようになってくるのです。４歳児は保育者がつなぎに入り，「なんだろう？」と語りかけて，それに答える段階ですが，５歳児は環境も自分たちでつくり，ナレーションも子どもたち自身で行えるようになります。

５歳児も繰り返しの言葉を好みますが，そこからオリジナルなものを考えることを楽しみます。遊びの中で，ふとひらめくとお話をつくっていたり，歌をつくっていたりします。【事例１-６】の絵本『きょだいなきょだいな』の読み聞かせでは，言葉のおもしろさから，ふしをつけて一緒に唱える活動を経て，続きのお話を考えて，絵本づくりが始まりました。新しい場面を創造していく力が備わってきたことが分かります。

子どもは，繰り返しのある言葉を心地よく感じます。３歳児では，保育者が仲立ちをして「うさぎさんがいるね」「ライオンさんもいるね」と絵を描き，視覚から記憶に残るようにすると，子どもたちは「次，この動物にして」と言うことができます。５歳児になると，「もし，こんなんだったらどうする？」と，イメージがどんどん広がり，散歩に行く時でも，「あれ巨大になったら，どうする？」「あーったとさ，あったとさ」と子どもたちなりに話にふしをつけて，皆で調子をとり，歌いながらつくっていくのです。

事例１-６　絵本『きょだいなきょだいな』からのつくりうた

５歳児クラスで，保育者が読んだ絵本『きょだいな きょだいな』では，「あったとさ あったとさ ひろい のっぱら どまんなか きょだいな ピアノが あったとさ」のように調子のよい言葉が出てきます。「あったとさ あったとさ」というフレーズが毎回出てくると，皆がそこにふしをつけて，「あーったとさ あったとさ」と合唱するようになりました【譜例１-１】。その場面をめくるとそのふしが出てきて，絵本が終わると，「先生，もし巨大なテレビがあったらどうなると思う？」のように，イメージを広げていきました。

譜例１-１　子どもたちのつくりうた
《あったとさ　あったとさ》

文：長谷川摂子，絵：降矢なな，福音館書店，1988

【事例１-７】では，５歳児が長い距離を歩く遠足で，保育者から飴をもらったことから「元気でたな」と話していました。そのうち歌を歌って歩く方が元気になれると思ったのか，「げんきだま」の歌を１人，２人が歌い始め，皆で歌いながら「こうしたらいいかな」という意見が飛び交い，「みんなで１回歌ってみよう」とまとまっていき，歌ができました。さらに，その歌が生活発表会の創作劇に入り，テンポ良く掛け合いを楽しみました。

事例１-７　**歩き遠足の歌づくり**

長い距離を歩く遠足では，疲れて休憩していた５歳児たちに，保育者が「みんなに元気玉あげよう」と言って大きな飴を渡しました。子どもたちは「おいしいね。なんか元気がでたなあ」と言い，そこから自然に，「げんきだまとばせ１・２・３　みんなで一緒に１・２・３　げんきだまとばせ　げんきだまとばせ１・２・３」という歌【譜例１-２】ができて，皆で歌いながら帰りました。

譜例１-２　つくりうた《げんきだまとばせ》

事例１-８　**神社での「バーベキューごっこ」**

５歳児クラスで神社に行った時，「バーベキューごっこ」が始まりました。皆が「ここで網」「これは肉」と言って，石の上に落葉や草を置いて遊んでいる中で，Ｅ児は落ち葉や枝を集めて振ったり，足踏みしたりして，「焼ける音」と言って，バチバチという音を鳴らしていました。その役割を他の子どもたちも認めていて，Ｅ児は鳴らし続けました。

５歳児ではそれまでの経験がつながっていきます。【事例１-８】では，乳児で落葉を触った感覚や，３歳でバリバリッと枝が折れる音を楽しんだ経験から，バーベキューの炭がはじける音をイメージした５歳児が，どうしたらその音が出るかを考え，落葉の積み重ねで遊んだら，そのような音がしたことを思い出しました。大人には気付かない音でも，子どもにはそう聞こえたのでしょう。焼くだけでもおもしろいのに，音も演出し，ひたすら音を出し続ける子どもの役割を，皆が認めていました。

５歳になると，話の前後や「あなたと私」のような関係性を理解して，「バーベキューで何焼くの？」「ぼくのとこは…」と会話のやり取りができ，バーベキューの場所や様子，お肉を焼く雰囲気を想像することができます。今までの経験から，自然や身近にある物で音が出ることを試して，遊びをつくり出しました。別の子どもは，草を石の上に並べ，石で叩いて団子をつくっていました。草を叩くと柔らかくなることを知っていて，団子をつくったのです。このように，５歳児は経験してきたことが遊びの中で結びつき，イメージを広げて表現します。

参考文献

河原紀子他（2018）『０歳～６歳　子どもの発達と保育の本　第２版』学研教育みらい。（河口智津子）

コラム１-１　絵本と表現

絵本は，「言葉」と「絵」が互いに補い合って融合しています。そうした絵本にはどのような音楽性が内在しているでしょうか。

一つには，オノマトペによる音の多様さやおもしろさ，リズムの楽しさなどが挙げられます。例えば，『つきよのおんがくかい』では，ジャズピアニストの山下がベースの音を「ぶぶぶぶ ぶぶんぶ」，ドラムを「スタタトン ダバトトン」などと，ユニークなオノマトペで表していて，軽快なリズムのノリやアンサンブルの響きが感じられます。

文：山下洋輔，絵：柚木沙弥郎，福音館書店，1999

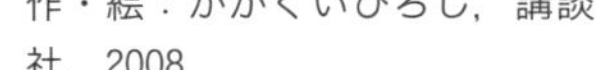

作・絵：かがくいひろし，講談社，2008

その他に，言葉を繰り返すことで生まれるリズムや間（ま）のおもしろさの表現が挙げられます。『はっきよい畑場所』では，お相撲の動きに伴う「そーれ，よいしょ」「みあってみあって～」などの掛け声に，日本語のリズムや間が感じられます。また，言葉と動きがリズミカルに同期する表現も音楽的であると言えるでしょう。ロシア民話の『おおきなかぶ』では，「うんとこしょ，どっこいしょ」の掛け声と，かぶを引っ張る動きに音楽的なリズムが感じられます。物語が進むと次第に人数が増えていくので，読み手の声も自然に大きくなり，クレッシェンドされていくでしょう。

竹内・奥（2007）は，絵本のもつ音楽性には「絵本そのものに内在する音楽性」と「読み聞かせることによって生じる音楽性」の２種類があり，絵本自体に内在する音楽性を引き出すのは，読み手の音声であると述べています。また，岩田（2007）は，絵本などの文化財はリズムを潜在させており，教師（保育者を含む）が絵本を読み聞かせるパフォーマンスはそのリズムを具現化する行為であり，子どもたちがそれに引き込まれると指摘しています。例えば，『おおきなかぶ』の読み聞かせでは，教師が「うん・とこ｜しょ𝄽｜どっ・こい｜しょ𝄽」と唱えたり，「とこ・ろが｜かぶ・は｜ぬけ・ませ｜ん𝄽」「それ・でも｜かぶ・は｜ぬけ・ませ｜ん𝄽」のように，音韻や反復によって生み出される拍節にのってリズミカルに読むと，読み手によって絵本に内在するリズム感が引き出されます。子どもたちがそのリズムにのって言葉を唱えたり，身体を動かすことが理解できるでしょう。

A. トルストイ再話，訳：内田莉莎子，画：佐藤忠良，福音館書店，1962

絵本を用いた保育活動の中で，拍にのって言葉を唱えたり，イメージを共有して声を合わせるなどの表現力を子どもに育むには，教師自身が言葉を音楽的に表現する力を身につけることが必要です。

引用・参考文献

岩田遵子（2007）『現代社会における「子ども文化」成立の可能性――ノリを媒介とするコミュニケーションを通して』風間書房。

竹内唯・奥 忍（2007）「絵本の中の音楽――画・言葉・テーマとの関連に着眼して」『岡山大学教育実践総合センター紀要』第７巻第１号，pp.27-37。

（岡林典子）

第2章

音を聴く活動

子どもと音楽との関わりにおいて，まず大切なのは，「音を聴くこと」です。音遊びの活動で楽器を思い切り叩いたり，生活発表会の練習で「大きな声で歌いましょう！」という先生の呼びかけに一生懸命応えようとするあまり，怒鳴り声で歌ったりしている子どもの姿をしばしば見かけます。集団で活動することによってエスカレートし，一種の噪音状態になってしまいます。これでは，とても音楽的な活動とは言えないでしょう。

幼稚園教育要領解説の領域「表現」の「内容の取扱い」（1）には，「幼児は，風の音や雨の音，身近にある草や花の形や色など，自然の中にある音，形，色などに気付き，それにじっと聞き入ったり，しばらく眺めたりすることがある。そのとき，幼児はその対象に心を動かされていたり，様々にイメージを広げたりしていることが多い」と述べられています（p.244）。移ろいゆく自然との関わりは，幼児に様々な経験をもたらし，内面を育てることにつながります。その際，色や形といった視覚的なものだけでなく，風の音や雨の音，木の葉が散る音などの身の回りの自然の音からも，子どもは刺激を受け，イメージを広げます。それらの経験は，やがて表現活動に結びついていくことでしょう。

この章では，「音を聴く」活動を取り上げます。本来，幼児は周囲の音に対して敏感です。同様に，保育者も周囲の音に敏感になって，子どもを支援してほしいものです。ここでは，そのための活動も考えていきましょう。

（佐野仁美）

第１節　身の回りの音に気づく活動

1.1　サウンドスケープの思想

「音 sound」に対する言葉としては，どのようなものがあるでしょうか？　例えば，「静けさ，沈黙 silence」といった言葉でしょうか。音を聴くためには，耳を澄ませることが必要です。まずは目を閉じて，自分の周りのいろいろな音を聴いてみましょう。雨が砂利に打ちつける音，風が木々の枝を揺らす音，小川の流れる音，鳥のさえずりなど自然の音や，時計の音，エアコンの音，人の足音，電車の音など，様々な音が聴こえるでしょう。日常の風景の中で，多くの人はこれらを特に意識していなかったかもしれません。この体験により，私たちは様々な音に囲まれて生活していることに気付かされるでしょう。

このように，私たちの周りにある音に目を向け，「音 sound」と「風景 landscape」という言葉を組み合わせて，「音風景 soundscape」という言葉をつくり，その概念を提唱したのが，マリー・シェーファー（Murray Schafer, 1933-2021）です。カナダを代表する現代音楽の作曲家であるシェーファーは，鳥のさえずりや鐘の音，工場の音など，今まで私たちが気にとめていなかった身の回りの音を具体的に示しました。彼の考えは，耳を澄ませる「イヤー・クリーニング」を通して，私たちが身の回りの音に敏感になり，聴こえたすべての音を「生活とともにある音」として風景の中に位置づけ，意識しようという，全く新しいものでした。彼は，望ましい美的効果をつくり出すために，現代の騒音公害についても警鐘を鳴らしています。

コラム２－１　滝廉太郎記念館

サウンドスケープの概念は次第に広まっていきました。音環境をその一部として，建物や周囲の環境がデザインされている例は多く見られます。例えば，小川のせせらぎや小鳥のさえずりの音が聴こえるように設計されたり，水路を流れる水の音を構成要素の一つと捉えたりする建築物や公園などもつくられています。

みなさんは，《荒城の月》や《花》で知られる作曲家，滝廉太郎（1879-1903）をご存じでしょう。大分県竹田市には，《荒城の月》のモデルと言われる岡城址があります。城址からさほど遠くないところに，滝廉太郎が少年期を過ごした屋敷があり，滝廉太郎記念館になっています。そこでは滝が過ごした家の土間や庭が整備され，楽譜や楽器が展示されています。それとともに，滝が当時そこで聴いたと想像される竹林の音などが聴けるようになっています。訪れる人たちが，視覚からだけではなく，聴覚からも滝廉太郎の世界を感じることができるように演出されているのです。

1.2　子どもの周りの音環境と聴く活動

子どもは身近な環境からの刺激を受け止め，敏感に反応することから，周りの音の環境は活動に大きな影響を及ぼすと考えられます。それゆえ，保育者が保育室の音環境に気を配ることは，とても重要です。例えば一日中，工事や工場の音のような大きな音が聴こえる場所では，子どもたちは集中して活動することができないでしょう。また，子どもたちが騒いでしまった時に，保育者がいつも大きな声で注意するのが良いとは限りません。時には小さな声で子どもたちの集中力を高めることが効果的かもしれませんね。

その一方，外遊びで子どもたちは，周囲の動物や植物など，自然と深く関わります。自然を体験する場面で，例えばカエルの声や木の葉が落ちる音，雨の音などに気付き，それをもとに声や身体を用いた表現に広げていくのも楽しい活動です。昔から虫の声を愛でてきた日本人にとっては，現在でもこの感覚は遠いものではないはずです。《虫の声》という歌がありますが，そこでは，チンチロリン，リンリンリンリン，ガチャガチャなど，虫の種類によって様々な声が歌詞に描かれ，楽しい歌になっていますね。まずは，保育園や幼稚園の中でどのような音が聴こえるのか，探検してみましょう。

コラム２-２　オノマトペとは？

上に挙げたガチャガチャなどの言葉は，オノマトペ（仏 onomatopée）と呼ばれます。オノマトペとは，擬音語，擬声語，擬態語，擬情語の総称を指す言葉で，日本語には豊富に存在しています。長い説明が必要であったり，説明してもニュアンスを十分に伝えることが困難であったりする情報を，オノマトペを使うことにより，端的に伝えることができるのです。子どもたちは，「ワンワンが来た！」というように，しばしばオノマトペを用いて話します。言語獲得途上の乳幼児にとって，オノマトペが有用で，身近な言葉であることが分かるでしょう。

ただし，私たちがよく使う擬音語は，必ずしも音をそのまま模倣したものとは限りません。例えば，「ワンワンは犬」，「ニャーニャーは猫」のように，動物の鳴き声が物の名前そのものを表す言葉として，社会的に共通して認識されている場合がありますし，私たちも，「雀の声はチュンチュン」「カラスはカアカア」と一律に表現してしまう傾向があります。でも，いつもそう聴こえているのでしょうか？　その一方で，同じ楽器の音を聴いても，子どもの表現の幅の広さには，驚かされます。

オノマトペとは，繰り返しが多いことから，リズミカルで，語感により豊富なイメージを喚起させる言葉であると言えるでしょう。オノマトペの特徴について，もう少し述べておきましょう。「ゴロゴロ」と「コロコロ」，「サラサラ」と「ザラザラ」とではイメージが異なりますね。川原繁人は「音から意味の連想が直接起きる現象」を「音象徴（おんしょうちょう）」と呼ぶと述べ（川原2015，p.6），「濁点＝大きい，重い，強い」というつながりが日本語の中で定着していると思われる」と書いています（川原2017，p.94）。確かに，「戸をドンドンと叩く」と，「戸をトントンと叩く」とでは，「ドンドン」の方が大きく激しい音，「トントン」は小さく軽い音に感じられますね。浜野祥子は，例えば「ザラ……砂や小石がこすれあう様子」と「サラ……感触が滑らかな様子」，「パン……張っている表面やそれが破れる時の音」と「カン……金属を叩いた音」と書いています（浜野2014，pp.21-

23)。これらの例では，子音の違いでイメージに差があることが分かりますね。

同じ高さや長さでも，人の声がそれぞれ違っていたり，楽器によって音が異なっていたり，同じ楽器でも演奏の仕方によって感覚的に違って聴こえたりするように，音には音色という性質があります。様々な音の特徴をオノマトペで表現することは，音色の気付きへとつながるでしょう。

また，浜野は，「雨戸がカタカタ言った，ガタガタッと揺れた」という例を出し，「物がぶつかるというような運動が実際に数回連続して行われたこと」を意味していると述べています（浜野 2014，p.57)。反復は音楽の要素の一つです。そして，リズムは反復に基礎をおくことから，オノマトペがリズムの面からも音楽表現につながりやすい言葉であることが分かるでしょう。

絵本にはオノマトペがたくさん掲載され，オノマトペだけで構成された絵本もあります。子どもたちは，絵本を読む保育者の声の表現や，それを模倣して言葉を発することにより，オノマトペの語感のおもしろさや響きを楽しみます。本書でも，オノマトペを用いた音遊びを紹介しています。

ワーク２－１　**音の地図づくり――園庭の様々な音を絵や言葉で表現してみよう！**

今までに述べたことを参考にして，園庭や園舎などの音環境を調べてみましょう。まず，簡単な地図や建物の図を描きます。保育の場がどのように構成されているかを知ることにも意味があります。次に，実際に音をよく聴いて，聴こえた音をオノマトペを用いて図の中に書き入れていきましょう。耳を澄ませると，思いがけない音も聴こえるかもしれません。子どもたちが発する物音や言葉も聴きましょう。保育の場がどのような音環境に置かれているのか，毎日子どもたちがどのような音を聴いているのか，気付くことができるはずです。

園で調べるのが難しい場合は，公園に出かけて音を聴いてもよいでしょう。キャンパスの音の地図をつくっても，音環境について学ぶことができるでしょう。下の例は，こども園の音の地図です。

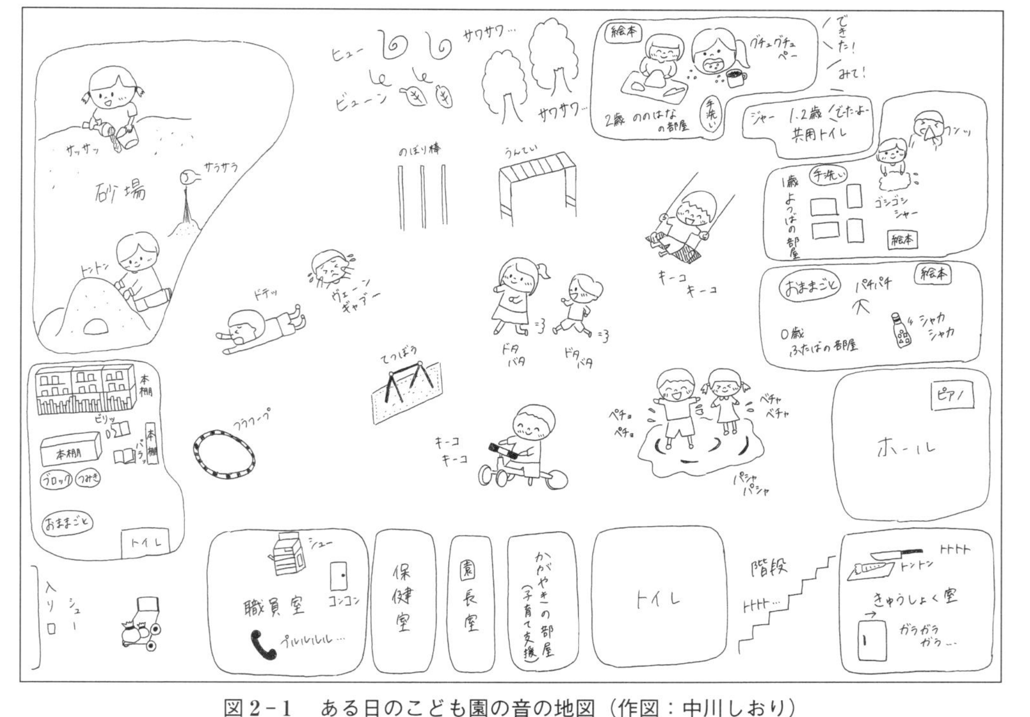

図２－１　ある日のこども園の音の地図（作図：中川しおり）

1.3　主体的な活動を引き出す環境づくり

それでは，子どもたちと表現活動を行うにあたり，保育室の環境をどのように構成していけばよいでしょうか？　幼稚園教育要領解説の第１章第１節４「計画的な環境の構成」の①幼児の主体的な活動と環境の構成には，「幼児が主体的な活動を行うことができるか否かは環境がどのように構成されているかによって大きく左右される。幼児が興味や関心をもち，思わず，関わりたくなるようなものや人，事柄があり，さらに，興味や関心が深まり，意欲が引き出され，意味のある体験をすることができるように適切に構成された環境の下で，幼児の主体的な活動が生じる」と書かれています（pp.41-42）。保育者が子どもの興味や関心に寄り添って環境を構成し，主体的な活動を引き出すことは，とても大切です。

例えば，【事例２－１】では保育者が絵本や図鑑により環境を整え，園外保育の経験を深めることができました。その結果，子どもたちの思いは製作に広がり，さらにお気に入りのアザラシのキャラクターづくりや絵かきうたづくりへと発展していきました。

事例２－１　園外保育の経験から製作や歌への広がり

５歳児クラスの子どもたちは，絵本『うみの100かいだてのいえ』の読み聞かせや園外保育で行った水族館をきっかけに，海の生き物に興味をもちました。それに気付いた保育者が，図鑑を保育室に置いておきました。水族館でチンアナゴやアザラシを見て盛り上がっていた子どもたちは，図鑑を調べて製作遊びを展開し，保育室はまるで水族館のようになりました【写真２－１】【写真２－２】。さらに，お気に入りのアザラシのキャラクターを全員で考え，保育者はその絵かきうたをつくって一緒に歌う活動へと発展させました。

作：いわいとしお，偕成社，2014

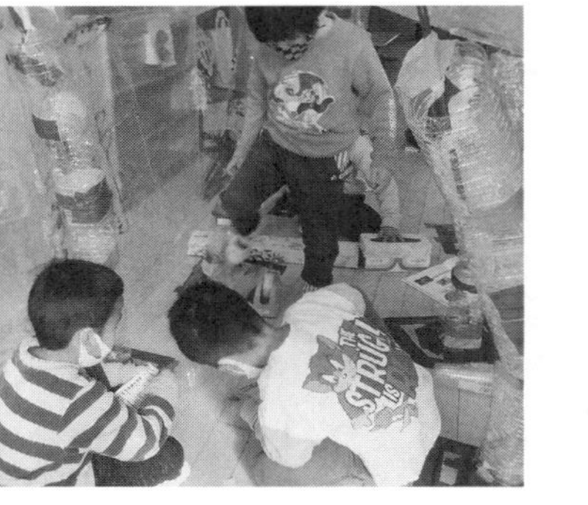
写真２－１　水族館づくり

写真２－２　水のトンネルの中で魚をつくる

（江口未希子・藤田千紘）

次の【事例２－２】では，５歳児の踊りに魅了された３歳の子どもたちが，保育者が用意したCDを聴き，鳴子を持って自主的に踊る姿が見られました。保育者が絵本や製作物，手づくりの楽器を用意して，子どもたちの遊びはお祭りごっこに発展し，約１カ月間楽しみました。ここでは，園庭と保育室という音環境の違いによって，保育者が用意する楽器が変化したことにも注意しておきましょう。このように，何に関心をもっているのかを敏感にキャッチして環境を整えることにより，子どもたちの意欲を高め，主体的な活動につなげることができます。

事例２－２　運動会で演じられた踊りの広がり

９月の運動会では，５歳児が《よっちょれ》（「YOSAKOIソーラン祭り」から派生した曲）を踊りました。鳴子を持ち，手づくりの衣装を着て踊る５歳児の姿を見た３歳児，４歳児は，「かっこいいなあ」「私も大きい組さんになったら踊る！」と，すっかり魅了されてしまいました。

自由遊びで運動会ごっこをして，「やりたい」「どうやってするの？」と言いながら，《よっちょれ》を園庭で踊る３歳児の姿が見られました。運動会のDVDを自宅で見てきたり，５歳児と交流する機会があったりして，次第に振付けを覚えて，自分たちで踊れるようになっていきました。

写真２-３　５歳児に影響されて踊る３歳児

子どもたちの様子を見た保育者は，自由遊びの時間に鳴子を用意し，《よっちょれ》の音楽を流す環境づくりをしました。音楽が流れ，鳴子に気づいた子どもたちは，自主的に《よっちょれ》を踊り出しました。参加する子どもたちはどんどん増えていき，《よっちょれ》遊びは，２～３週間続きました【写真２-３】。

その後，保育者は，設定保育で絵本『おまつり』や『ばけばけばけばけ　ばけたくん　お祭りの巻』を読み聞かせました。『ばけばけばけばけ　ばけたくん　お祭りの巻』から，たこ焼きのイメージが浮かんだ子どもからは，「お祭り行ったことある」「たこやき屋さんしたい，わたあめ屋も！」という反応が返ってきました。紙でたこやきとお皿をつくり，絵具でソースや青のりをつける「たこやきづくり」や「わたあめづくり」を楽しんだ子どもたちに，保育者が「《よっちょれ》も踊って，たこやきもつくって，じゃあ，次は何する？」と問いかけ，活動は「お祭りごっこ」に発展していきました。

作：あずみ虫，白泉社，2018

文・絵：岩田明子，大日本図書，2012

しかし，保育室で鳴子を持って《よっちょれ》を演奏すると，音が響きすぎます。また，子どもたちはCDで笛の音が聞こえたことも覚えていました。「他の楽器もしてみたい」という声に応えて，保育者は丸く切った木を合わせた四つ竹や，紙の笛をつくりました。子どもたちは，リズムに合わせて鳴らしたり，真似をしたりし，太鼓や缶を叩いて，楽しんでいました。このように様々な環境が整って，子どもたちのイメージが広がっていき，乳児さんを招いて，「お祭りごっこ」を開催することになりました【写真２−４】【写真２−５】（乳児への広がりについては，第１章第３節，４・５歳児の活動については第６章第１節参照）。

写真２−４　手づくりの法被を着て踊る３歳児

写真２−５　保育者が作った太鼓や笛，四つ竹

（江口未希子・太田来実）

ところで，大人が歌ったり，楽器を演奏したりするのを聴く活動も，楽しい経験です。【事例２−３】のように，保育者の演奏を聴いて楽器に興味をもつような機会を設けている園もあります。園内の音楽会で他のクラスの演奏を聴いたり，音楽家によるアウトリーチ活動の演奏を聴いたりする機会もあるかもしれません。なかでも，身近な存在である保育者の生演奏が心に響いた子どもたちは，きっと「自分たちも歌ったり，楽器を演奏したりしてみたい」という憧れをもつことでしょう。

事例２−３　**保育者の演奏からの広がり**

３歳児クラスでは，クリスマス会に保育者が得意な楽器を担当して，アンサンブルで童謡やクリスマスの曲を披露しました。子どもたちは先生たちの演奏に大喜び。演奏されたカスタネットやタンブリン，トライアングルが紹介され，子どもたちは実際に楽器を触ったり，鳴らしたりして，いろいろな音の違いを感じているようでした。その後，「楽器をつくりたい」という声が上がり，マラカスづくりへと発展していきました。

（太田来実）

本章の冒頭に，「大きな声で歌いましょう！」という保育者の言葉かけに対し，怒鳴り声で歌ってしまう子どもについて書きました。その子どもは，おそらくどのような声で歌うのがよいのか，そのためにどうすればよいのか，わからないのではないでしょうか。「どのような音で表現するのか」は，自分の音や他の人が出す音をよく聴いてイメージをもつことから始まります。その体験の積み重ねが，音楽を愛好する心情や音楽的な素地を育むことにつながるのです【事例２－４】。

事例２－４　**「大きな声で歌いましょう！」という歌唱指導の問題**

歌唱指導で保育者は，紙に書くなどして，まず歌詞を覚えさせようとします。同時に保育者自身も覚えて，歌詞を間違えないことに注意が向いてしまう傾向があります。そのような中で，子どもたちは保育者の期待に応え，一生懸命に歌詞を覚えようとします。

クラスの半分くらいの子どもが歌詞を覚えると，覚えた子どもは残りの子どもに教えようとします。歌詞を覚えた子どもたちは，自信をもって他の子どもをリードして歌うので，保育者の「大きな声で」の声かけに対して，その言葉通りに，つい声を張り上げて歌ってしまうのです。

この歌唱指導の問題は，歌詞を覚えても，子どもたちは意味を理解して歌っていないという点です。歌声が気になった保育者は，５歳児に言葉には一つ一つ意味があることを伝えました。例えば，「『悲しみ』という言葉をうれしそうにニコニコして，はつらつと歌うのは違うよね」と言って，悲しい気持ちを込めて歌った場合と，そうでない歌い方の違いを歌って見せました。怒鳴っているように聞こえる箇所の言葉を丁寧に直して，「どのような気持ちで相手に伝えたいか」という問いかけや，「もっと声を最後まで伸ばそう」という指導を行い，10日後の生活発表会では，子どもたちの美しい歌声に，保護者からは感動の声が上がりました。

（貞松朋子）

引用・参考文献

川原繁人（2015）『音とことばの不思議な世界――メイド声から英語の達人まで』岩波書店。

川原繁人（2017）『「あ」は「い」より大きい！？――音象徴で学ぶ音声学入門』ひつじ書房。

マリー・シェーファー／鳥越けいこ他訳（2022）『世界の調律――サウンドスケープとはなにか』（新装版），平凡社ライブラリー。

篠原和子・宇野良子編（2013）『オノマトペ研究の射程――近づく音と意味』ひつじ書房。

浜野祥子（2014）『日本語のオノマトペ――音象徴と構造』くろしお出版。

文部科学省（2018）『幼稚園教育要領解説』フレーベル館。

（佐野仁美）

第２節　楽器の音を聴く活動

前節の【事例２－２】では，運動会で鳴子を持って《よっちょれ》を踊る５歳児に魅了された３歳児が，自発的に園庭で《よっちょれ》を踊る「《よっちょれ》遊び」から「お祭りごっこ」へと発展する過程が挙げられていました。お祭りに行ったことのある子どもたちは，笛や太鼓の音がする「祭り囃子」を聞いた経験があるかもしれません。そうした生活経験と，保育者が準備したお祭りの絵本や太鼓や笛，四つ竹などの手づくりの和楽器に触れることにより，子どもたちはお祭りのイメージをさらに広げ，表現を楽しむことができていました。

それでは，実際の和楽器を前にした子どもたちは，音の特質をどのように聴き取って表現するのでしょうか。本節では，和楽器の探索活動を通して，子どもたちが楽器の音を聴き取り，オノマトペを用いて音を創造的に表現する活動の実践事例を紹介します。子どもたちの活動の様子をもとに，音の表現について考えてみましょう。

2.1　楽器の音の特質を聴き取る活動

４歳児クラスの子どもたちを対象として，和楽器に自由に触れる活動を行いました。

保育室の奥に締太鼓と平太鼓，手前に拍子木，チャッパ，鉦，玩具太鼓，鈴などを並べました【図２－２】。和楽器が並べられた保育室は，子どもたちにとっては非日常の空間です。５～６人ずつで入室する子どもたちの表情は，嬉しそうで期待感に溢れていました。初めて触れる平太鼓や締太鼓は，子どもたちにとってはすぐに目につく興味深い楽器のようで，打った後にポーズを決めたり，友達とリズムを合わせたり，しばらく太鼓から移動せずにずっと打ち続けている子どもなど，様々な様子が見られました。普段の合奏で経験している西洋楽器の小太鼓や大太鼓とは異なり，少し太めのバチを握って打つと，強さに応じた和太鼓の響きに関わる振動が両腕に伝わり，新鮮に感じられたのかもしれません。その他に，鉦を左手にもち，撞木（しゅもく）（竹ひごに鹿の角でできた円筒形の頭のついたもの）で打って音を確認しながら，打ち方や持ち方，振り方などを工夫して音に向き合う姿が見られました。

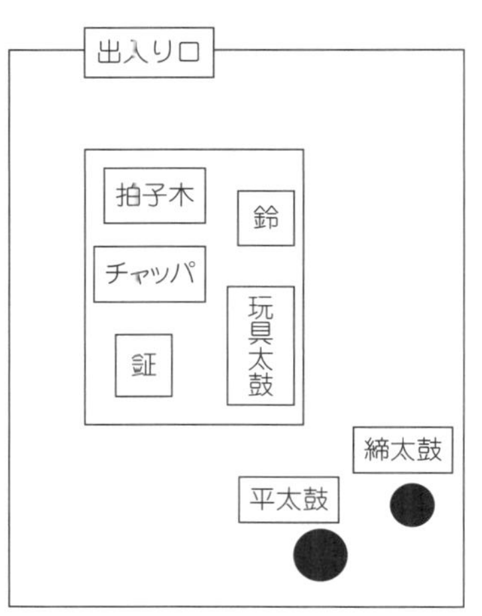

図２－２　和楽器の種類と配置

様々な和楽器に触れた子どもたちには，次第に友達と音を合わせて楽しむ様子が見られました。友達の奏でる楽器のリズムや速度を感じながら，呼吸を合わせて音の重なりを楽しんでいました【写真２－６】【写真２－７】。手に持った楽器を保育者に見せに行ったり，保育者とともに音を合わせたり，掛け合いを楽しんだりしていました。交代の時

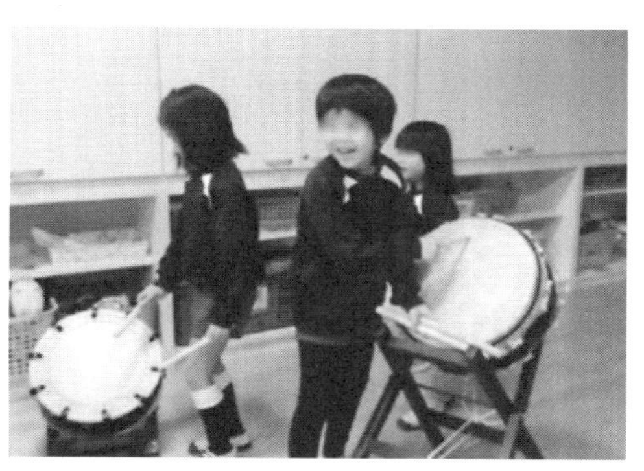
写真２－６　締太鼓（左）と平太鼓（右）を打つ楽しさを味わう

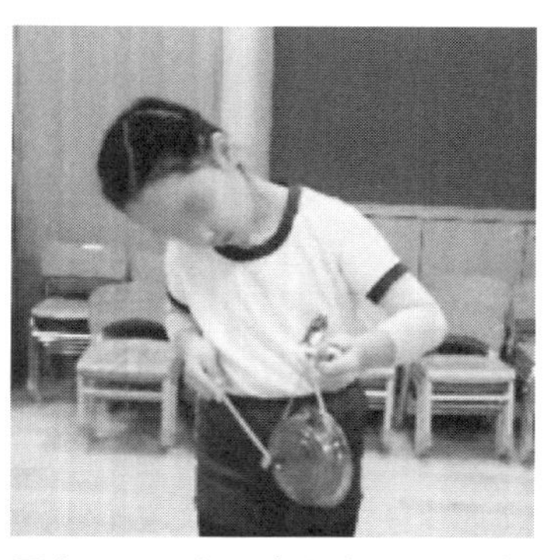
写真２－７　鉦の音を聴きながら打ち方を工夫する

写真２－８　鈴の音を確かめる。

写真２－９　平太鼓の鼓面と枠の音の違いを確かめる。

写真２－10　友達と音を合わせる

写真２－11　保育者と音を合わせる

間になると，満足そうに「楽しかった」と言って次のグループと交代する子どもや，もう少し和太鼓に触れていたいという思いで名残惜しそうに保育室を後にする子どもが見られました。

【和楽器の音についての子どもたちの感想】

保育者から楽器探索について尋ねられた子どもたちの感想を【表２－１】に挙げました。子どもたちの言葉からは，初めて触れた和楽器の音の特徴に気付いていることが窺えます。自由な雰囲気の中で表現を楽しんだ子どもたちは，感じたことを素直に言葉に表しており，興味深く感じられます。

このように，自由な楽器の探索は，子どもが十分に音を聴き取ることを促し，感じ取ったことを自分の言葉で表現する力を育む活動であると言えるでしょう。

表２－１　和楽器探索での子どもたちの感想

〈太鼓についての感想〉 ・太鼓の横の黒いところを打ったら，違う音が鳴った。 ・江戸時代の太鼓みたいだった。低い音がした。 ・地蔵盆の浴衣を着て踊る時の太鼓だった。　・お祭りみたいな音がした。 ・大きな太鼓はドンドン，小さいのはコッコッコ，周りはカッカッカ ・大きい太鼓はどんどん力が湧いてくる感じがした。
〈鉦について〉 ・お皿みたいなのを叩いた。踏切の音みたいだった。 ・トンカチみたいなので丸いとこの下を打ったら響いた。　・裏側を打ったときは音が全然違った。 ・祇園祭で見た楽器だった。
〈鈴について〉 ・鈴がいっぱいついて，きれいな音がした。大きさが違った。 ・コロコロ，シャンシャンという音だった。 ・神社のお参りするところの鈴みたいだった。
〈チャッパについて〉 ・小さいシンバルみたいで，音がきれいだった。 ・小さいシンバルみたいなのは，知っているシンバルと似ているけど，もっと響く感じだった。
〈拍子木について〉 ・火の用心の楽器があった。 ・木の楽器があった。カンカン鳴ってた。

2.2　楽器の音をオノマトペで表す活動

和楽器に触れる経験をした４歳児たちは，翌日に遊戯室に集まり，締太鼓の音をオノマトペで表しました。それを創作口唱歌（くちしょうが）として，皆で声を合わせて唱える表現活動を行いました【事例２－５】。

事例２－５　**締太鼓の音をオノマトペで表す活動**

子どもたちは，保育者が打つ締太鼓の音を聴いています。保育者が「どんな音かな？」と尋ねると，A児が「トントン」と答えます。保育者が「もう１回行きますよ」と言って締太鼓を打つと，子どもたちは「タンタン」「ドンドン」などと次々に表現していきました。子どもたちが表した締太鼓のオノマトペは，「トントン」「タンタン」「テンテン」などの11種類でした【表２－２】。それらを皆で共有できるように，保育者が平仮名でホワイトボードに書き留めました。

これらを締太鼓の口唱歌でよく用いられる「スッ・テン｜スッ・テン｜スッ・テン｜テン𝄽」（𝄽

♩｜𝄽♩｜𝄽♩｜｜♩𝄽）に入れて，皆で唱えてみるとスムーズに声をそろえることができたので，続いて子どもたちが表したオノマトペを順に当てはめていきました。「スッ・トン｜スッ・トン…」「スッ・タン｜スッ・タン…」などの創作的な唱歌を唱えながら，子どもたちは手を打ったり首を振ったり，体を揺らしたりしてリズムを取り，声を合わせることを楽しんでいました。音をオノマトペで表すことに慣れてきた子どもたちは，次に鉦の音を聴いてオノマトペを挙げていきました【表２-３】。

表２-２　締太鼓のオノマトペ

① トントン	⑦ カンカン
② タンタン	⑧ コンコン
③ テンテン	⑨ ポンポン
④ ドンドン	⑩ ポツポツ
⑤ ダンダン	⑪ ピルピル
⑥ デンデン	

表２-３　子どもたちが表した鉦のオノマトペ

① カンカン	⑧ ポンポン
② キンキン	⑨ ガンガン
③ キュウキュウ	⑩ ギンギン
④ チンチン	⑪ リンリン
⑤ チャンチャン	⑫ シャンシャン
⑥ チーチー	⑬ ジュウジュウ
⑦ パンパン	

（深澤素子）

【表２-２】は子どもたちが表した締太鼓のオノマトペです。「タンタン」「テンテン」「ポンポン」などは比較的よく表されるオノマトペですが，「ポツポツ」「ピルピル」などは，なかなか大人では思いつかないような，子どもならではのユニークな表現だと言えるでしょう。【表２-３】は，子どもたちが表した鉦の音のオノマトペの一覧です。笑顔や声のトーンからは，おもしろさを感じながら発言していることが読み取れました。それは，先の締太鼓の場面で，自分が表現したオノマトペが創造的な唱歌になる過程，つまり音が音楽になる過程を経験し，声で表現することを通して音楽の楽しさを感じることができたと考えられます。

この場面で保育者は，「声に出してね」「声を合わせて合奏できました」などのように，オノマトペを声で表現することに子どもたちの意識を向け，楽しさを体験できるように言葉をかけました。そのような配慮もあり，子どもたちは二つのグループに分かれて，保育者の打つ締太鼓の音とともに「スッ・トン｜スッ・トン」と唱えるグループと，別の保育者の打つ鉦の音とともに「カンカン…」と唱えるグループとで声を合わせることができました。

2.3　音を聴く活動を通して子どもたちに育まれる力

（１）音色の違いに気付く力

子どもたちは締太鼓や鉦などの音色の違いを聴き取って，オノマトペで表しました。子どもたちのオノマトペには，大人では思いつかないようなユニークな表現が見られ，二つの楽器の奏法や音色の違いを捉えていました。様々な音の特徴をオノマトペを用いて表現することが，音色の違いに気付くことにつながっていくでしょう。

（２）豊かな創造性

子どもたちが表したオノマトペには一般的な表現も見られましたが，締太鼓の音を「ポツポツ」「ピルピル」と表すような，自由で生き生きとした表現も生み出されていました。それらには豊かな創造性が認められます。大人は太鼓なら「トントン」「ドンドン」，鉦なら「カンカン」「キンキン」のような常識的なオノマトペ表現になりやすく，それを超えて創造的な表現をするのが難しいと思われます。しかし，この活動では子どもならではの創造性が発揮されていました。また，締太鼓の唱歌「スッ・テン｜スッ・テン｜スッ・テン｜テン𝄽」をすぐに自分たちのオノマトペと入れ替えて唱えることもできました。さらに，自然に手を打ったり首を振ったり，身体を揺らしてリズムを取り，「スッ・コン｜スッ・コン…」「スッ・ポツ｜スッ・ポツ…」などと創造的な口唱歌を唱えることや，声を合わせることを心から楽しんでいました。

このような創造性や表現力の豊かさ，つくり替えの流暢さなどは，子どもたちが自分の言葉を用いて主体的に表現できた結果であると見なせます。また一方で，保育者が子どもの表現の多様性を認め，友達の表現と違っても良いことを伝えて，自分なりの表現を尊重することが，創造性を育む上で重要な役割を果たすと言えるでしょう。

（３）クラスの仲間との協同性

ここでの表現活動で，子どもたちは自分の表した音（オノマトペ）が音楽（口唱歌）になる過程を経験することができました。楽器が変わる毎に自分の発言するオノマトペが書き留められ，クラスの仲間の表現を知ることでイメージの共有ができていました。また，自分の感覚やイメージで表した音を口唱歌に当てはめて唱える活動では，すでにできあがった口唱歌を唱えるばかりでなく，自分たちが新たに生み出した口唱歌を仲間とともに声を合わせて唱える楽しさやおもしろさ，嬉しさを感じ取っていました。仲間と協同して音楽の喜びを得ることこそが意欲的な表現行動へとつながるでしょう。

このような楽器の音をオノマトペで表す表現活動では，「互いのオノマトペの表現を知る」「自分たちの創造的な口唱歌を仲間とともに声を合わせて唱える」などの体験を通して，４歳児クラスの子どもたちに協同的な意識が芽生えたと言えるでしょう。

ワーク２－２　**様々な楽器の音を聴いて，オノマトペで表してみよう！**

和楽器でなくても，身近にある楽器で構いません。５～６人のグループをつくり，１人が音を鳴らして，他の人は音から感じたオノマトペをたくさん書き出してみましょう。友達の表現とどのような違いがあるでしょうか。音色への気付きや，表現の多様性を認め合い，それぞれのオノマトペを声で表現してみましょう。

（岡林典子）

第3章

子どもの声と表現

子どもの声がどのように発達していくかについては，個人差が大きく一概には言えません。例えば，２歳後半で３語以上をつなげて感情を込めて話す子どももいれば，あまり話したがらない子どももいます。また，子どもの声が「発達」していく部分と「後退」していく部分があることを最初に述べておかなければなりません。乳児は育つ環境の中で聞こえてくる主に家族のことばを習得していくため，自身の生活環境に無い音声は言語習得とともに聞き分けられなくなり，また発声もしなくなります（例：日本語の場合，ＲとＬの弁別や日本語に無い母音の発音など）。なお，成長するにつれて，すべての音を同じタイミングで発音できるようになるかというと，習得が早い音声と遅い音声があります（例：「でんしゃ」を「でんちゃ」，「あそびたい」を「あそんだい」などの発音が３～４歳児でも聞かれます）。

この章では，子どもの声について，そして声（ことば[1]）で歌うことについて，またことばとうたの関係についても述べていきます。

（坂井康子）

第１節　声の発達と「つくりうた」「わらべうた」

1.1　子どもの声の発達とコミュニケーション

（１）声の発達

赤ちゃんは，生まれてしばらくは泣くばかりですが，そのうち機嫌が良い時に「あ」に近い音声を短く，そしてだんだん長く発音するようになります。生後数か月になると喉の奥の形状が変わることで，「クーイング」（例：「アー」「ウー」「クー」など）と言われる単音の穏やかな声を発するようになります。クーイングは唇や舌を使いませんが，唇や舌を使うようになった音声を「喃語」と言います。子音と母音から成る音声を基準喃語（例：バ），それが複数つながる反復喃語（例：ババババ）という呼び方もあります。

音声の発達については，冒頭で述べたように個人差がたいへん大きく，９か月で初語（初めて発せられる有意味語）発話がある子どももいれば，１歳半くらいでも有意味語を話さない子どももいます。【表３-１】に一般的な発達の特徴を挙げておきます。

表３-１　乳幼児の音声の発達

０～２か月	反射的な音声（母音「あ」に近い音声から）
１～４か月頃	クーイング，子音が混ざるようになる
５～６か月頃から	基準喃語（子音と母音），反復喃語
１歳前後	初語（有意味語）の発生
１歳半頃	２語文の発話

（２）喃語期

初語は概ね１歳頃に現れますが，１歳後半に２語発話ができるようになっても，有意味語と平行して喃語が残っています。物の名前などを言うことができるのに，ゴニョゴニョと喃語をつぶやいていることがありますが，これは話す練習をしているだけではないようです。喃語には，自身の声や，声の上がり下がり，リズムを楽しんでいると思われる音声もあり，喃語期は音声的にとても創造的な時期であると考えられます。

乳幼児の音声は何を言っているのか意味が分からないと諦めず，その豊かな音声に耳を傾けて，思いに寄り添った声真似や言葉かけをしてあげたいものです。

（３）乳幼児期の音声コミュニケーション

母親は，赤ちゃんが声を出すとすぐに返事をするように言葉かけをします。「どうしたの？」

と声をかけたり，赤ちゃんの出した声を真似たりします。このようにして赤ちゃんが話せるようになる前に，親子で応答することができるようになります。保育においても，こうした親子のコミュニケーションにおける声の出し方「マザリーズ」を心がけましょう。

コラム３-１　マザリーズ（対乳児音声＝IDS：Infant Directed Speech）

「マザリーズ」とは，母親や父親などが乳幼児にやさしく話しかける口調のことを言います。マザリーズは「ゆっくり」「高めに」「抑揚が大きく」「短く」「間（ま）をとって」話されており，この特徴によって子どもの知覚，理解が助けられます。乳幼児の言語獲得過程においてマザリーズは非常に大切であると言われています。

1.2　子どもの自発的歌唱「つくりうた」「わらべうた」

（1）子どもが歌い始めること

子どもがいつから歌い始めるのかは，分かっていません。生後２か月頃とも言われていますが，実際歌っているのかどうかを乳児に聞くことはできませんし，我々大人が「歌」と聞くかどうかにかかっているわけです。ただ，先述したように，乳児は話すようになる前に，あるいは初語出現以降も話しことばとは異なる抑揚の大きい声を出したり，規則的なリズムをつくり出したりしています。

子どもが何気なくつくる「つくりうた」について，ぜひ知ってください。１歳後半頃から概ね４歳頃まで，乳幼児は即興でうたをつくって歌うことがあります。つくりうたは「つぶやき歌」「でたらめ歌」などとも言われ，思いつきで歌われるものです。大人になってもつくりうたを歌う人もいますね。その「つくりうた」を分析すると，決して「でたらめ」ではなく法則に則っていることが分かります。

（2）「つくりうた」の特徴

本来子どもたちは，自分自身の「ことば」を歌おうとし，ことばの特徴を生かしたうたづくりをします。例えば，筆者が調べた子どもでは，「アクセント核」という言葉のアクセントの下がる部分と，旋律の下がる部分とが90パーセントも一致していました。子どもはつくりうたをでたらめに歌っているようですが，実は自身のことばの特徴を生かして歌っていると言うことができます。

つくりうたの声を延ばす位置やフレーズのまとまりなども，一定の法則性をもっており，それらはわらべうたの法則につながっていくのです。子どものつくりうたの特徴を【表３-２】にまとめてみました。

子どものつくりうたは，のびのびとして独創的です。４歳０か月児が即興で歌ったつくりうたの例をあげておきます【譜例３-１】。音の高さも長さも拍子感もとても自由な感じですが，ことばの高低を生かしていることがわかりますね。このようなつくりうたが４歳頃であまり歌われなくなるのはとても残念なことですね。

表３－２　子どものつくりうたの特徴

・フレーズが短くまとめられる。 ・ことばのまとまりとフレーズが合致している。 ・フレーズの一番最後が延ばされることが多い。 ・音質をさまざまに変えて歌う。 ・大きい跳躍は比較的少ない。 ・ことばの高低アクセントとメロディーがよく一致している。

譜例３－１　４歳児によるつくりうた

（３）「わらべうた」とは

「わらべうた」とはどのようなうたを指すのか，ここでは「わらべうた」について詳しく説明します。「本来のわらべうた(2)」の大切な特徴を以下に挙げますので，覚えておきましょう。

表３－３　「本来のわらべうた」の特徴

・遊びとうたが結びついている。 ・子ども自身のことば（居住地域の方言）で歌う。 ・子どもがつくるのでどんどん変わっていく。

「つくりうた」が共有され，遊びとともに歌われ，練磨されたものが「わらべうた」と言ってよいと思います。つくりうたの延長上にあるわらべうたには，以下のような音楽的特徴があります。

①　隣り合う２音は高い方の音で終わる

「みーかーちゃん，あーそーぼ」と，友達に声をかけるときも，２音の旋律が生まれます。

譜例３－２　《みかちゃん　あそぼ》

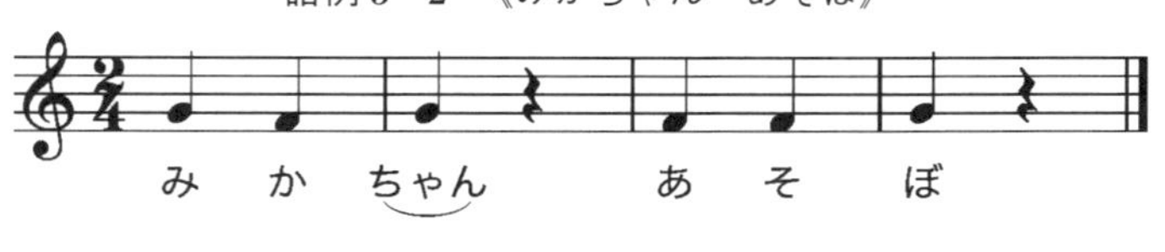

②　隣り合う３音は真ん中の音で終わる

《どれにしようかな》【譜例３－３】は，２音でも３音でも歌われます。２音で歌われるときは，高い方の音（白丸），３音で歌われるときは真ん中の音（白丸）で終わります。

譜例３－３　《どれにしようかな》

小泉編（1969，p.362）

③　テトラコルドの３音の時は一番高い音か一番低い音で終わる

日本のわらべうたでは，完全４度の枠（テトラコルド）が頻繁に歌われます。特に頻繁に聞かれる「民謡のテトラコルド」【譜例３－４】は，以下のように音程が短３度と長２度の関係になっています。そして，テトラコルドは「核音」（４度の両端の音：白丸）で終わります。

《たけのこいっぽん》【譜例３－５】は，民謡のテトラコルドで構成されたわらべうたです。

譜例３－４　民謡のテトラコルド

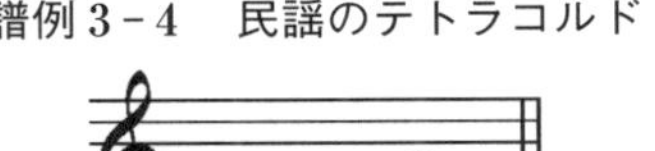

譜例３－５　《たけのこいっぽん》

小泉編（1969，p.363）

「本来のわらべうた」は，歌う子どものことばの特徴に添って歌われていましたが，現代では楽譜化され，テレビなどで歌われたわらべうたの旋律がそのまま定着してしまい，わらべうたの旋律の地域差がなくなる傾向にあります。

自分自身の話し方の特徴について，考えてみたことがありますか？方言は単語自体の違いだけでなく，高低のアクセントの違い（はしは関東では橋，関西では箸のこと，はしは関東で箸，関西では橋のこと）も著しいので，自分のアクセントで歌うことができる「わらべうた」は，歌うことの本質が現れたすばらしいうたです。

小泉文夫ら（1969）によるわらべ歌の遊び方の分類を【表３－４】に挙げておきます。表は⓪番から始まっていますが，歌うこと自体が目的であるものを⓪番とし，遊びや音楽において単純なものから複雑なものへ番号が付けられています。

表３－４　わらべうたの分類（遊び方による分類）

⓪ となえうた	① 絵かきうた	② おはじき・石けりなど	③ おてだま・はねつきなど	④ まりつき
⑤ なわとび・ゴムなわ	⑥ じゃんけんグー・チョキ・パーあそび	⑦ お手あわせ	⑧ からだあそび	⑨ 鬼あそび

小泉編（1969，p.284）の表を簡略化

（４）ことばのアクセントと歌詞の旋律

音楽の教科書に載っている歌の多くは，概ね共通語に則っているため，例えば，日常関西弁を話していると，ことばと歌の間にギャップができてしまいます。具体的にどのようなギャップがあるかというと，まず最も大きな違いは，自分自身のことばの高低アクセントと曲の旋律との関係が異なるということです。例を挙げると，唱歌《うみ》の「うみはひろいなおおきいな」の旋律は，共通語のアクセントに則っており，この歌詞を関西では「うみ」「ひろい」というアクセントで発音しますから，その旋律は関西アクセントとは逆の上がり下がりをしていることになります。

わらべうたの旋律は，「つくりうた」の延長上で歌われ，子どもの間で共有されてきまし

た。「本来のわらべうた」は，ことばの抑揚の上がり下がりに即して旋律が歌われますので，歌っているというより唱えているような旋律であり，ことばの音声的な特徴がそのままに歌われます。

例を挙げると，関西では「め↗（目)」「て↗（手)」「あめ↘（雨)」のように１音を延ばし，かつ上昇，または下降させて発音する単語があり，わらべうたの中でも「あめ↘ざ↘ざ↘」のように，関西のことばの音声的特徴がそのまま歌われています。

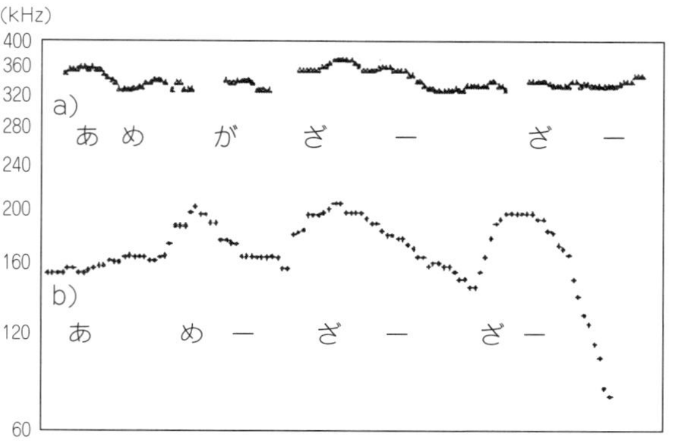

図３-１　「あめがざーざー」音声のピッチ曲線
ａ）大阪の子ども　ｂ）大阪の高年者

【図３-１】のｂ）は高年者の歌い方で，「あめ↘（雨)」と歌われていますが，【図３-１】のａ）では大阪在住の子どもが「あめが」と共通語アクセントで歌っています。また，《なべなべそこぬけ》というわらべうたを関西では「なーべ↘なーべ↘そーこぬけ」のように「べ」を高くかつ「べ」の母音「え」が下がっていく歌い方で歌っていましたが，今では関西でもほとんどの地域で関東の旋律「なーべーなーべーそーこぬけ」になっており，ことばの音声的特徴とうたの旋律が離れていってしまっています。

わらべうたは古くから歌われ伝播していますので，同じ内容であったり同じような歌詞のわらべうたが日本中にあります。昭和期に採譜された楽譜を比べてみると，地域ごとのことばのアクセントによって，旋律が異なることがよくわかります【譜例３-６】。

譜例３－６　東京，大阪，鹿児島のわらべうた《おとことおんなと》の比較

① 東京のわらべうた

（尾原1979，p.300）

② 大阪のわらべうた

（右田1980，p.301）

現代では，わらべうたの特徴である「ことばを歌う」（ことばの特徴が生かされる）ということがだんだん失われてきており，歌うときは共通語になるような傾向が見られます。子どもにとって，自分のことばの抑揚や音声的特徴を生かして歌う経験をすることがとても大切です。ぜひ，「地域の」わらべうたを歌ってあげて子どもたちの間で広まる「きっかけ」をつくってあげましょう。

注

⑴　本章第１節，第２節では，子どもの自発的発話の場合は「ことば」を用い，それ以外の場合は「言葉」と記述する。

⑵　現在では共通語による既成のわらべうたが多くなっているため，そうでない原初的なわらべうた【表３－３】を「本来のわらべうた」と言っておく。

（坂井康子）

第２節　様々な子どものための歌

子どもの自発的歌唱であるわらべうたでは，１音につき１仮名を基本として，大きい跳躍のない，ごく自然な歌われ方がなされています。ところが現代では，子どもたちはわらべうたを歌うのと同じ時期に，大人がつくった複雑な構造の歌をテレビで聞いたり園で習ったりしています。大人は子どもに良かれと思い次々に歌をつくっていますが，それらの歌の中には，ことばを生かしているとは言えないようなものもあります。

この節では，まず子どものためにつくられた歌にはどのようなものがあるかを示し，次に様々なリズムに着目します。さらに，子どもたちが歌詞を覚え間違ったり歌いにくかったりすることがないように，子どものために歌を選ぶ際の注意点を示します。

（１）子どものために歌がつくられた歴史

1872（明治５）年に学制が発布されて，小学校に「唱歌」，中学校に「奏楽」が置かれましたが，「当分コレヲ欠ク」とされました。当初，どのような楽曲を子どもたちに教えてよいかがわからなかったのです。「学制」が廃止され，「教育令」（1879）が施行されたのち，伊沢修二（1851-1917）を中心に子どものための唱歌集がつくられるようになり，「唱歌」が全国で歌われるようになりました。

当初，欧米で歌われている歌の旋律に歌詞が付けられていましたが，次第に日本の作曲家による「唱歌」がつくられるようになりました。それらの唱歌には，《春の小川》《ふじ山》《ふるさと》など，現在も歌われ続けているものがたくさんあります。さらに，児童雑誌『赤い鳥』（1918創刊）に「童謡」が掲載され，童心を表す歌として《かなりや》《赤とんぼ》《七つの子》などの童謡がつくられ，現在も歌われています。

その後，時代の流れにそって「子どものための歌」が次々とつくられるようになり，特にリズムは時代の流行を取り入れながら多様になっています。

（２）子どものための歌のリズム

子どものための歌詞とリズムには，多様な関係が見られます。歌詞である日本語の特徴から，もともと「１仮名１音」で歌われてきましたが，ぴょんこ節と呼ばれる付点のリズムや，近年では１音の中に多くの仮名を歌うことも少なくありません。その例を【譜例３－７】に挙げておきます。特に子どもの歌は，単に聞いて楽しいリズムということだけでなく，「歌詞がよく聞き取れる」ことが重要です。

譜例３－７　日本語と歌のリズムの関係

① １仮名１音の場合

《おうま》

林柳波作詞，松島彝作曲

② １仮名２音の場合

《冬の夜》

文部省唱歌

※「ともしび」の「び」，「ちかく」の「ち」，「ぬう」の「う」には２音が当てられています。

③ 数仮名１音の場合

《だれにだっておたんじょうび》

一樹和美作詞，上柴はじめ作曲

※「きらきら」「かがやく」など，四つの仮名が１音（音高変化がない）の間に歌われています。

（３）歌の選び方

子どもに教える歌は，子どもが喜ぶというだけで選んではいけません。歌のリズム以外にも留意したいことを，【表３－５】に挙げます。楽譜をよく確認すると同時に自身で何度も歌ってみて，歌いにくいところや聞き取りにくいところがないか調べましょう。

表３－５　歌の選び方

・ことば（歌詞）の特徴を大切にした旋律であるか。
・子どもの声域に合った音域であるか。
・子どもの息の長さに合ったフレーズであるか。
・子どもの生活や言葉，感情にマッチしている歌詞であるか。

子どもの息の長さと大人の息の長さは，【表３－６】のように大きく異なります。子どもの息の長さに合わせて，うまく「息継ぎ」をさせてあげることも大切です。

表３-６　幼児と成人の肺活量と声の持続

		肺活量（ml）	声の持続（秒）
３歳		600	5
４歳		800	7
５歳		1000	7
成人	女	2500	20
	男	3500	30

出典：切替他（1968, pp.56-58）

コラム３-２　声を出す仕組み

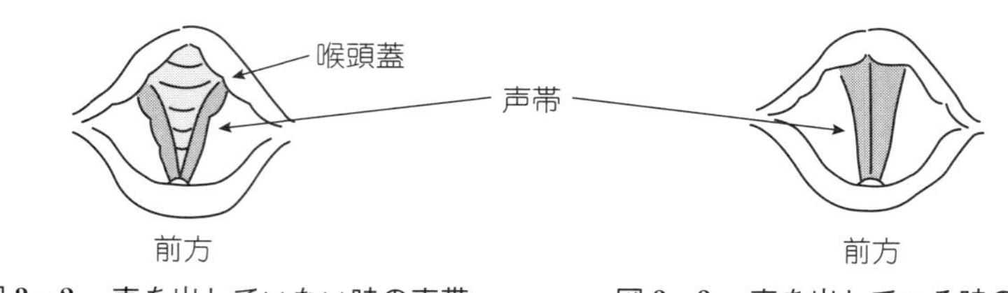

図３-２　声を出していない時の声帯　　図３-３　声を出している時の声帯

肺から出た空気は，ノド仏の位置にある声帯の間を通り声帯を振動させます。振動して出る音が気管や口腔，鼻腔などに共鳴して声が出ます。声帯に負担がかからないような歌い方を心がけましょう。

ワーク３-１　「届く声」の出し方

「届く声」とはどのような声でしょうか？　人が一列に並んでいるとして，何人目の人に話しかけているかはことばの大きさとともに，顔の向きや目線で表現されますね。これはクラスの大勢の子どもたちに対しても同じです。１人ひとりの顔を見て，表情豊かに声の指向性に気をつけて話しかけましょう。

また，目線や声の指向性に注意しても，実際の声が小さいと，少し離れた距離では聴き取れません。「響く声」を見つけて，無駄な息を使わずに長く声を出す練習をしましょう。

① 自分が蚊になったつもりで，「ん―――――――」とハミングで20秒！

② 同じく小さい口で（小さい声で）20秒！

「響く声」を20秒伸ばせるようになれば，「届く声」で声かけができます。歌っている子どもの声に埋没せず，子どもたちにも聞こえる声で歌えるようになります。

コラム３－３　声の衛生のために

声帯に負担がかかると，かすれた声（嗄声（させい））になってしまいます。声を大切にしてください。一度嗄声になってしまうと治らないこともあります。大声で呼ぶ，大声を出して応援をする，などによって一生嗄声になってしまうことがあるのです。特に風邪をひいている時に，無理に声を出してはいけません。

その他，周囲の環境も声に大きな影響があります。ほこり，乾燥，冷え，たばこの煙などが声帯のトラブルを引き起こす原因になります。声が出にくい嗄声の症状が見られるときは，できるだけしゃべらないようにして，声帯を休ませましょう。状態が続くようならば，声帯の間にポリープができている場合がありますので，一度耳鼻咽喉科に行って診てもらいましょう。

参考文献

尾原昭夫（1979）『東京のわらべ歌』日本わらべ歌全集７，柳原書店。
切替一郎他（1968）「声の生理」『ことばの誕生――うぶ声から五才まで』日本放送出版協会。
小泉文夫編（1969）『わらべうたの研究（研究編）』稲葉印刷所。
右田伊佐雄（1980）『大阪のわらべ歌』日本わらべ歌全集16，柳原書店。

（坂井康子）

第３節　わらべうた遊びとその展開

3.1　乳児期の遊びうた

乳児期の子どもにとって，歌いやすいわらべうたを用いた活動は，保育者や他の子どもとコミュニケーションを取るのに最適な遊びです。みなさんも乳児とコミュニケーションを取ろうとする時には，自然に歌を口ずさみながら，手や頭に触れて遊ぶでしょう。乳児は喜んで，一部分でも手を打ったり，一緒に唱和しようとしたりするかもしれません。ここでは，第１章第３節の事例で取り上げたわらべうたを中心に，その遊び方を例示しておきます。子どもの遊びや生活の中で歌われてきたわらべうたは，つくり替えられながら伝わってきました。わらべうたは，人によって歌や遊び方が変化するのが普通で，ここに挙げた譜例は一例です。歌はもちろん，遊び方も自由に工夫してみてください。

譜例３－８　《にぎりぱっちり》

に　ぎ　り　ぱっ　ち　り　た　て　よ　こ　ひ　よ　こ

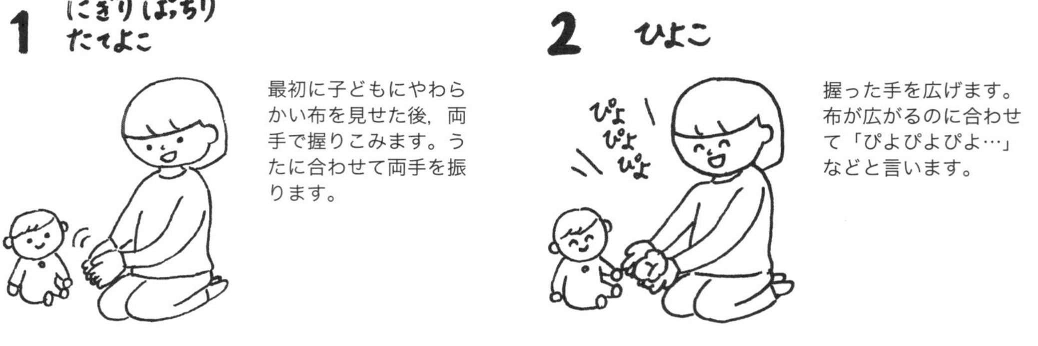

譜例３−９　《ちょちちょちあわわ》

子どもを膝にのせて，両手を取り，２回叩きます。

手のひらで口元を軽く３回叩きます。

両手をグーにして体の前で上下に回します。

片方の手のひらを指差しし，軽く３回つつきます。

両手の手のひらで頭を２回軽く叩きます。

6 ひじぽんぽん

片方の肘を曲げ，もう片方の手のひらで軽く２回叩きます。

※まねをし始める頃，向かい合ってうたを歌うとまねっこ遊びになります。

譜例３-10　《いっぽんばしこちょこちょ》

1 子どもの手のひらを一本の指でゆっくりなでます（手の甲でもいいです）。

2 子どもの手のひらをくすぐります。

3 手のひらを軽く叩きます。

4 手のひらを軽くつねります。

5 子どもの腕の表側を２本の指で下から肩にかけて登っていきます。

6 子どもの脇をくすぐります。

譜例３-11　《いもむしごろごろ》

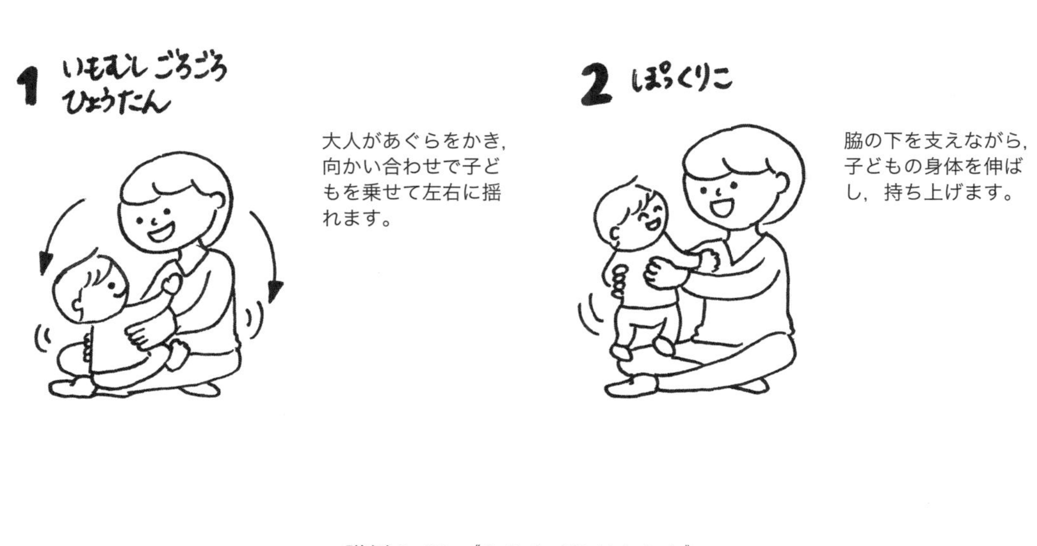

大人があぐらをかき，向かい合わせで子どもを乗せて左右に揺れます。

脇の下を支えながら，子どもの身体を伸ばし，持ち上げます。

譜例３-12　《おせんべやけたかな》

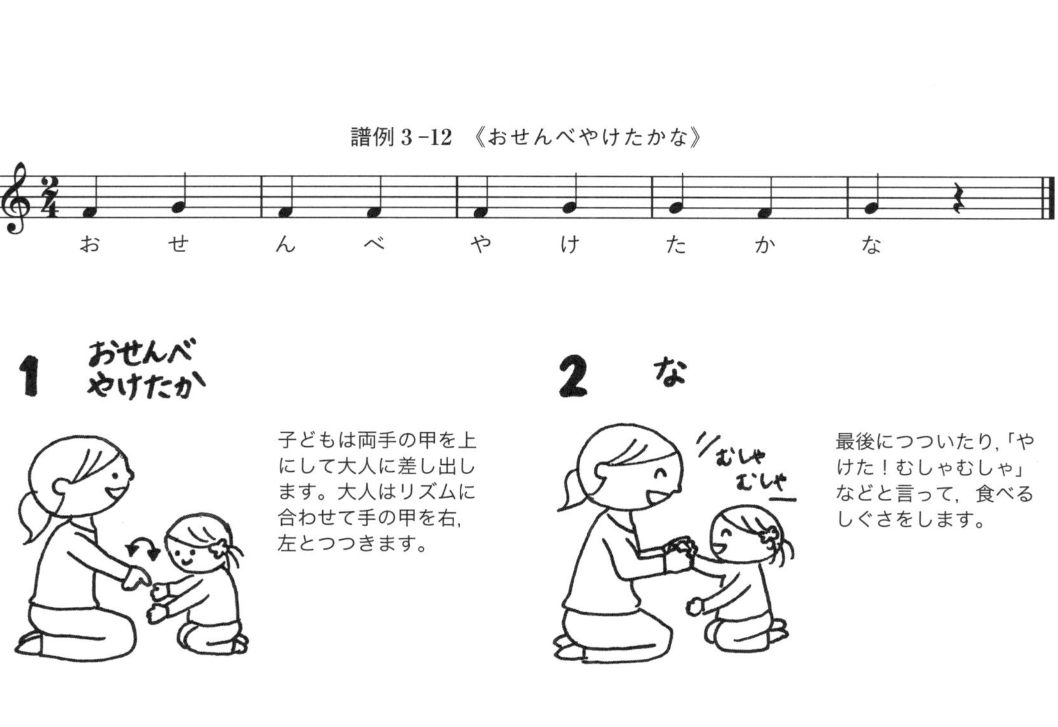

子どもは両手の甲を上にして大人に差し出します。大人はリズムに合わせて手の甲を右，左とつつきます。

最後につついたり，「やけた！むしゃむしゃ」などと言って，食べるしぐさをします。

譜例３-13　《むっくりクマさん》

輪になって中心を向いて手をつなぎ，鬼は輪の中心でしゃがみます。輪をつくった子どもたちは，歌いながら右へ歩きます。

鬼はしゃがみながら，歌に合わせて「グゥグゥ」や「むにゃむにゃ」などと言って寝たふりをします。

１のように，歌いながら右へ歩きます。

鬼は目を覚まし，皆を追いかけます。輪になっていた子どもたちは，手を離して逃げます。その後，捕まった子どもが鬼を交代します。

3.2　幼児期における展開

幼児期になると，それまで保育者や身近な人との関わりが中心であった遊びが，広がっていきます。親しい大人からの口伝えにより，乳児はわらべうたに慣れて，自然と節回しや言葉が身についていきます。幼児になると，向かい合ったり，２人で手つなぎをしたり，輪になったりしながら，簡単なルールで遊び始めます。《なべなべそこぬけ》《とおりゃんせ》《かごめかごめ》《ずいずいずっころばし》《あぶくたった》《はないちもんめ》などのわらべうたを歌って，友達同士で「つながり遊び」が始まります。

例えば，４歳児の《あぶくたった》は言葉遊びにもつながります【譜例３-14】。そこでは自由な発想の擬音やオノマトペが出現し，子どもたちの遊んできた文化や，住んでいる地域によって変化していきます。次に４歳児が《あぶくたった》で遊ぶ事例を見てみましょう【事例３-１】。

事例３-１　**４歳児《あぶくたった》遊びの展開**

友達同士で手をつないで輪になり，中に入る鬼役の子どもを決めて遊びが始まります。「あぶくたった煮え立った，煮えたかどうだか食べてみよう」「まだ煮えない」「もう煮えた」と歌って，煮え立ったお鍋の中にいる鬼を「むしゃむしゃむしゃ」と食べる素振りをします。

「おなかいっぱいごちそうさま」と言って食べ終わると，鬼役の子どもたちを皆で戸棚に見立てたところに運び，「戸棚に入れて鍵かけて，がちゃがちゃがちゃ」と言って，動かないように鍵をかけます。その後，お鍋役の子どもたちは，元の場所に戻り，「お風呂に入ってごしごしごし，はみがきをして，しゅっしゅっしゅ」「お布団敷いて寝ましょ。すやすや」と言って，寝たふりをします。

皆が寝始めるジェスチャーをすると，戸棚に入っている鬼役の子どもたちが動き出して，寝ている子どもたちの前に現れます。ジェスチャーとともに，言葉で「とんとんとん」と言って起こすと，寝ている子どもたちは，「何の音？」と言います。鬼が「ひゅー，風の音」と言うと，「あーよかった」と，また寝ます。続いて，「とんとんとん」「何の音」「ぶーん，蚊の鳴く音」「あーよかった」のようなやり取りをします。その後，鬼は，「わおーん，おおかみが鳴く音」「どろどろー，おばけの音」「ごろごろぴかー，雷の音」など，音色を変えて怖い音を次々に挙げます。寝ていた子どもたちが一斉に逃げ，鬼役の子どもたちが追いかけていきます。

この場面で４歳児は，友達とのつながりを求めて活動します。まだまだ自分が中心ですが，友達と一緒に遊ぶことの楽しみが増えてくる時期です。乳児の時に聞き慣れていた《あぶくたった》も，遊ぶ人数によって鍋の中に入る子どもの数を決めるなど，子ども同士でルールを決めて遊びが展開していきました。

鬼から，どんな音が出てくるのかと期待して，子どもたちは繰り返し遊びます。子どもたちは音と現象をイメージして，例えば，怖くない音を，「ちゅんちゅん，鳥の鳴き声」「そよそよ，風の音」などとやさしく表現して，様々なオノマトペとそれが表すものを一致させていきます。なかなか思いつかないこともありますが，友達の発想を聞いて自らのイメージを広げ，次の時には自分なりの言葉や擬音を考え出すようになります。友達の表現を聞くことにより，

譜例３-14 《あぶくたった》

あ ぶ く たっ た に え たっ た に え た か どう だ か た べ て み よ
ム シャ ム シャ ム シャ まだにえない
もうにえた

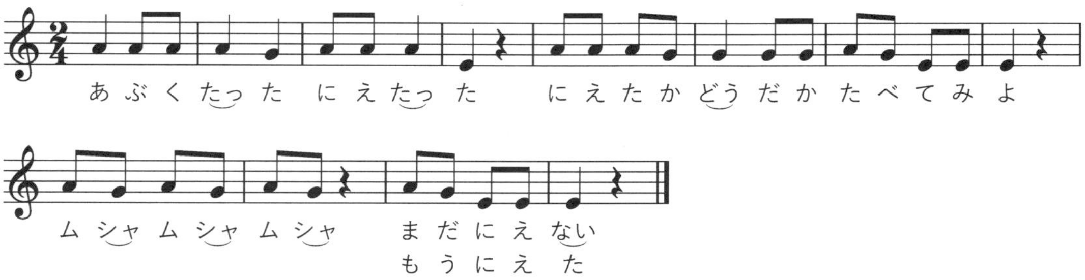

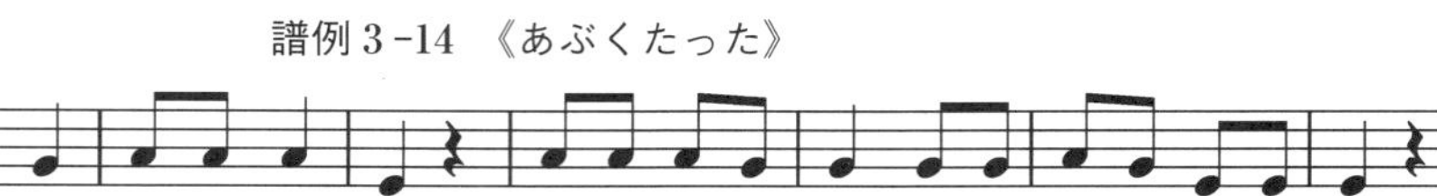

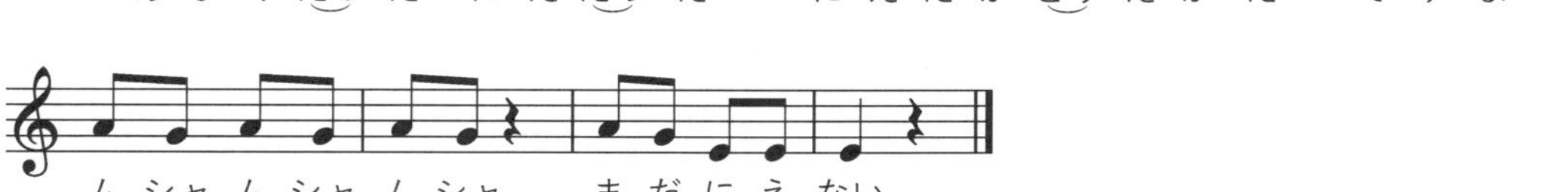

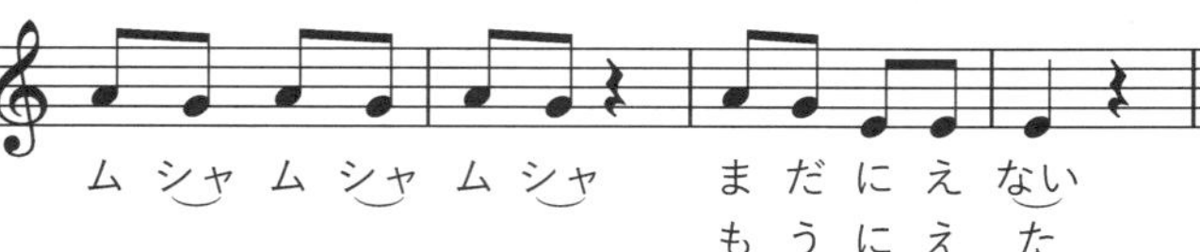

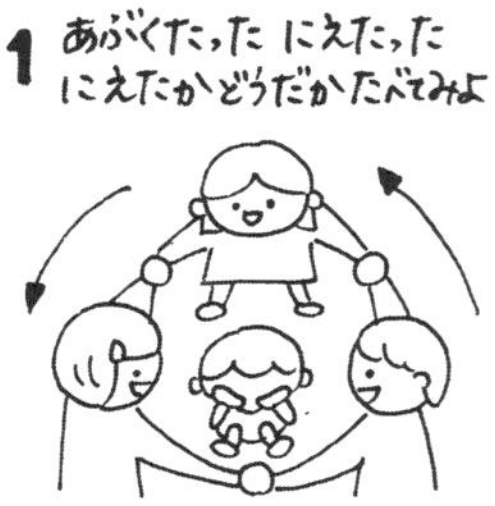
1 あぶくたった にえたった
にえたかどうだかたべてみよ

輪になって手をつなぎ，鬼は輪の中心でしゃがみます。輪をつくった子どもたちは，歌いながら右へ歩き，止まります。

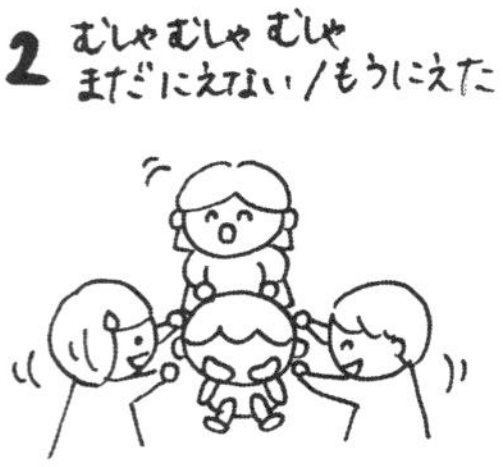
2 むしゃむしゃ むしゃ
まだにえない／もうにえた

手を離して鬼に近づき，鬼の頭を触りながら食べるふりをします。「まだ煮えない」で輪に戻り手をつなぎます。再び１～２を繰り返し，「もう煮えた」で，「おなか一杯，ごちそうさま」などと言って，食べ終わると，鬼の頭から手を離します。

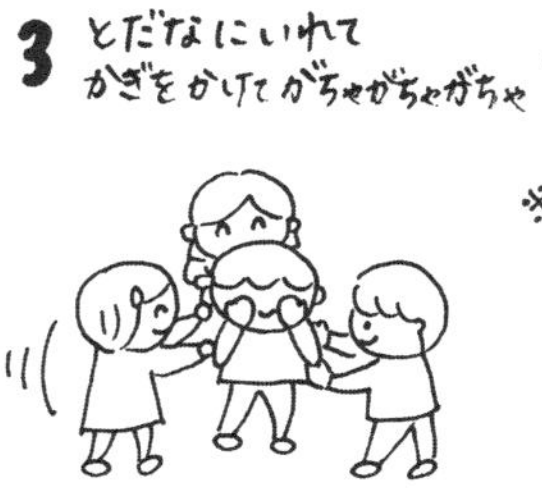
3 とだなにいれて
かぎをかけて がちゃがちゃがちゃ

「戸棚に入れて」と言いながら，鬼を皆で抱えるイメージで，戸棚に見立てたところに移します。鍵をかける真似をして，元の場所に戻ります，鬼はその場から動きません。

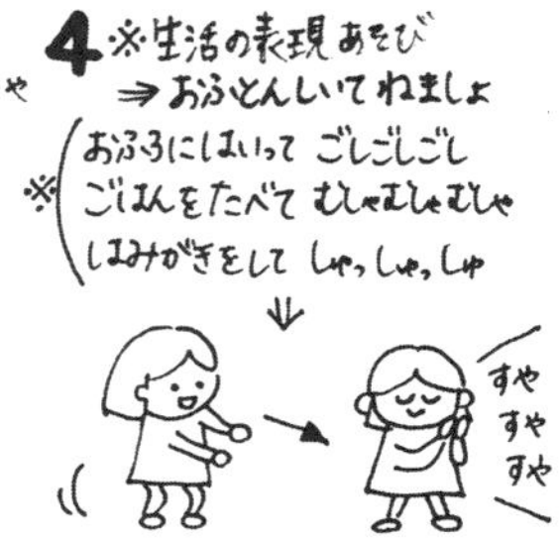
4 ※生活の表現あそび
⇒おふとんしいてねましょ
※ おふろにはいって ごしごしごし
ごはんをたべて むしゃむしゃむしゃ
はみがきをして しゃっしゃっしゃ
すや
すや
すや

お鍋役の子どもたちは，元の場所に戻り，身体を洗う真似やご飯を食べる真似など，歌に合わせて生活の表現遊びをします。最後に布団を敷くしぐさをした後，寝たふりをします。

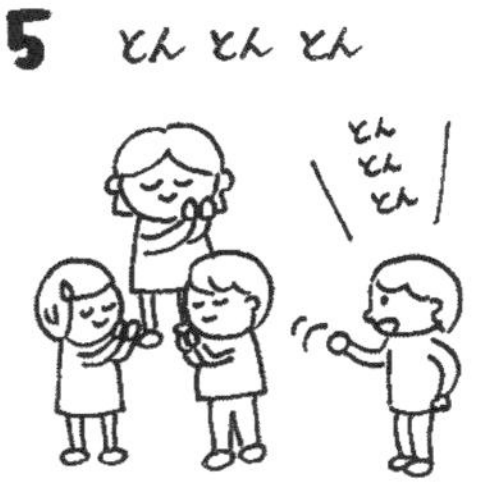
5 とん とん とん
とん
とん
とん

皆が寝始めると，鬼は動き出して，皆のそばでドアをノックする真似をしながら，「とんとんとん」と言って，起こそうとします。

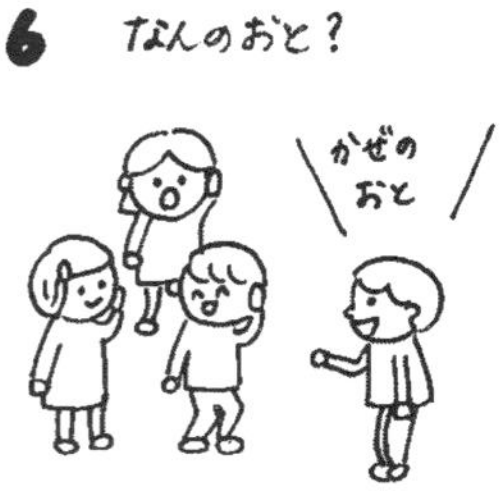
6 なんのおと？
かぜの
おと

寝ているふりをしていた子どもたちは，「何の音？」と聞きます。鬼が「ひゅー，風の音」などと答えると，皆は「あーよかった」と言って，また寝ます。

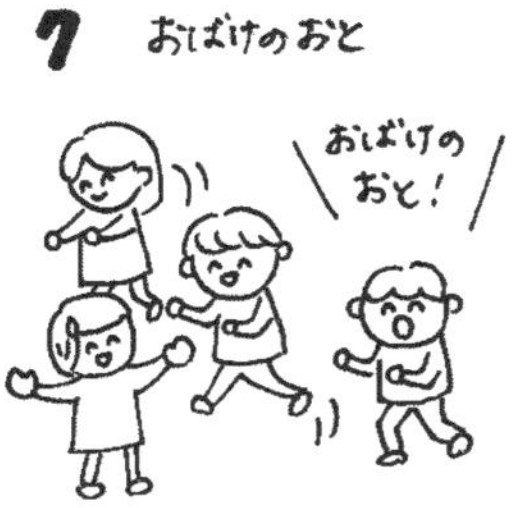
7 おばけのおと
おばけの
おと！

鬼が「どろどろー，おばけの音」「わおーん，おおかみが鳴く音」などと，音色を変えて怖い音を言うと，皆が逃げ，鬼が追いかけます。その後，捕まった子どもが鬼になります。

表３-７　子どもたちから出てきた「あぶくたった」の「優しい音」と「怖い音」

優しい音	怖い音
風：そよそよ／ビューン／ガタガタガタ	狼：ウオー
雨の音：ざーざー／しとしと	お化け：どろどろ
葉っぱの揺れる音：ゆさゆさ	トロル：どしんどしん
寝ている音：すやすや／ごーごー／むにゃむにゃ	怪獣：ガオー
鳥が飛ぶ音／鳥が鳴く音：パタパタ／チュンチュン	どろぼうが戸を叩く音：ドンドン
動物が鳴く音：ワンワン／ニャーニャー／チュウチュウ	ガラスを割る音：ガチャン
お母さんがお料理している音：トントン	
水を飲む音：ごくごく	
洗濯の音：ごしごし	
車が通る音／自転車が通る音：ビューン／リンリン	
ゲームの音：ピッピッ／ピコピコ	

遊びの経験が深まっていくのです。

後日，自由遊びの時間に，園庭で自然と輪になって「あぶくたった」遊びが始まりました。「セーフな音は何かな？」「怖い音はどんなかな？」と，自分で考えた日常の優しい音や怖い音のヴァリエーションが増えてきます。友達の表現で知らない音があると，「そんなん知らん」と言いながらも，次の時には取り入れたりしています。困っている子どもには，「こんなんあるよ」と耳打ちしたり，音が思い浮かぶように，時にはジェスチャーをして見せたりするなど，遊びが繰り返されるごとに，表現のヴァリエーションが増えていきました【表３-７】。

このように４歳児には，新しい言葉やそのイメージがわかってくると，友達の表現を真似して言葉を入れ替えて遊んだり，自分で工夫してみたりする姿が見られました。保育者に習った遊びを繰り返すうちに，子どもたちの遊びが広がり，深まっていきました。友達と一緒に音を探して遊ぶ中で，見つけた音をイメージすることにより，想像力が培われます。また，工夫することは創造性につながっていくでしょう。

次の【事例３-２】は，５歳児のグループで絵かきうたをつくる活動です。

事例３-２　**５歳児の絵かきうたづくり**

保育者は，絵本『えかきうたのほん』の読み聞かせを行いました。絵本には六つの絵かきうたが掲載され，描き方を見て唱えることにより，絵が描けるようになっています。描いた登場人物がストーリーに組み込まれていく絵本に，子どもたちは「おもしろいなあ」と興味をもちました。

絵かきうたを唱えながら，空中で絵を描く活動を１週間行うと，歌を覚えて砂場で絵を描く子どももがいました。その後，数人の子どもたちが「自由に描いていい？」と，絵かきうたをつくりました。それを模倣して描く子どもも見られました【写真３-１】。

保育者は，５～６人のグループ活動に発展させ，「動物でつくってみようか？」と絵かきうたのテーマを提案し，絵本から《こぶた》を例示しました。イメージを縛ることのないように注意を払いつつ，「耳，顔から考えてみたら？」とヒントを与えると，「目のところ，『グリンピース二つ』って歌ってみよう」と，相談するグループも見られました。各グループには，自分で考える子どもと，真似して描いている子どもがいましたが，全体としては，皆で意見を出し合い，自分たちでつくった絵かきうたを歌いながら何度も描いて楽しむ姿が見られました【写真３-２】【写真３-３】【写真３-４】。

『えかきうたのほん』
作：中村柾子・西巻茅子，絵：
西巻茅子，福音館書店，1993

写真３-１　保育者と空中で絵を描く子ども

写真３-２　グループでの絵かきうたつくり

写真３-３　オリジナル絵かきうたで描いた絵

写真３-４　皆の前で発表する子どもたち

（永金里英）

４歳児ではわらべうた遊びの中で，どのような音なのかをイメージして，言葉やオノマトペを入れ替えていましたが，５歳児は「絵を描く」という行為をもとにして，さらに長い唱えうたをつくりました。絵本の絵かきうたに興味をもったことがきっかけとなり，何度もそれを描き，意欲を高めた子どもたちがオリジナル絵かきうたに発展させていったのです。

絵本の読み聞かせの時に，空中で絵を描きながら歌ったり，グループで声を合わせて絵かきうたを歌って描いたり，つくったりしたことも，楽しい活動でした。絵かきうたをつくるにあたり，絵本の例をもとに，「動物でやろうか？」「お顔からやってみる？」という保育者のヒントが自発的な活動を引き出し，保育者が入れた「チャンチャン」という締めの言葉を，子どもたちは気に入って用いました。模倣や様々な体験の積み重ねと，リズミカルに抑揚をつけ，子どもの意欲を引き出す保育者の唱え方が重要です。最初に自発的につくろうとした子どもの表現が，クラス全体に広がっていき，グループでの絵かきうたにつながっていきました。クラスの中には配慮を要する子どももいましたが，この活動には全員が熱心に取り組むことができました。

（難波和子）

コラム３－４　ハンガリーの音楽教育に影響を与えたコダーイ・メソッド

写真３－５　コダーイ
出典：横井（2006）

コダーイ・ゾルターン（Kodály Zoltán，1882-1967）は，ハンガリーの作曲家，民族音楽学者，音楽教育家です。同時期に活躍したバルトーク・ベーラ（Bartók Béla，1881-1945）とともに，ハンガリー国内の民謡を収集・研究したことでもよく知られています。

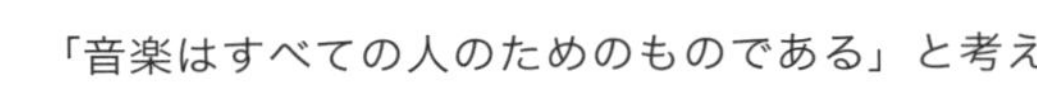

（１）コダーイの目指した音楽教育

「音楽はすべての人のためのものである」と考えていたコダーイは，学校における音楽教育の充実に力を尽くしていきます。そして，「音楽教育は，音楽的能力だけでなく子どもの多面的能力を育てるもの」というコダーイの理念に基づき，コダーイ自身と同僚や教え子たちによって様々に工夫された教育方法は「コダーイ・メソッド」と呼ばれ，世界中の音楽教育の現場で採用されるようになりました。

（２）コダーイ・メソッドの特徴

① 歌唱の重視

コダーイは，歌うことが音楽教育の根幹であると考えていました。コダーイ・メソッドでは，徹底して自分の声で音楽を表現することに特徴があります。ピアノの響きに頼るのではなく，無伴奏で歌って教えるという方法を取り，子どもたちが自分の声を聴きながら，周りと調和した正しい音程で歌えることを目指しました。

② 民謡やわらべうたを中心とした教材

昔から歌い継がれてきた民謡やわらべうたは，子どもたちの音楽的母国語であり，言葉と音楽が上手く調和した教材です。コダーイは，子どもたちが自然な形で歌と関わることを目指し，音楽教育に民謡やわらべうたを積極的に取り入れました。ハンガリーの民謡やわらべうたには五音音階が使われています。半音のない五音音階の歌で音程感覚をしっかりと学んだ後に，半音が含まれる全音階の音楽を学ぶことが，子どもたちにとって効果的な教育方法であると考えたのです。

③ 音楽の読み書き（ソルフェージュ）

「本当の音楽教育は，音楽を理解し楽しむものでなければならない」と考えていたコダーイは，楽譜の読み書きを教えることの重要性を主張し，子どもたちが音楽の基礎となる力を身につけるため，以下のような指導方法を用いています。

●ハンド・サイン

イギリスのジョン・カーウェン（John Curwen，1816-1880）が提唱したもので，手の動きで音の高さを示す方法です【図３－４】。階名唱とハンド・サインを組み合わせることで，視覚と結びつけて音程の感覚が身についていきます。

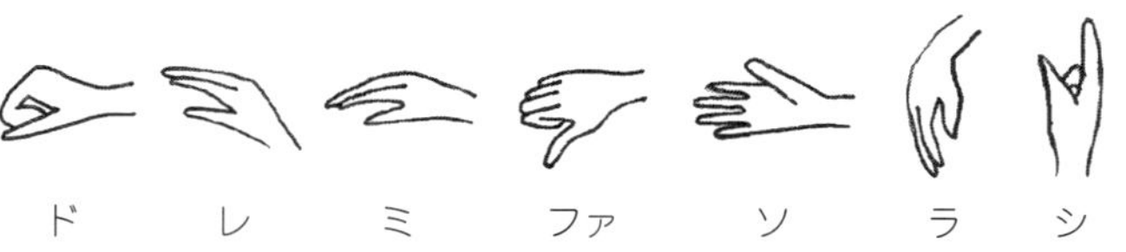

図３－４　ハンド・サイン

●リズム唱

音符を呼び名に従って歌うことで，例えば４分音符は「ター」，２分音符は「ターアー」，８分音符は「ティ」，付点４分音符は「ターイ」，４分休符は「スン」と歌う方法です。

●サイレント・シンギング（内唱）

頭の中で旋律を思い浮かべ，声に出さないで歌う方法です。実際にその音楽を聴く前や演奏する前に，書かれた楽譜の音楽を心の中に思い浮かべる「内的な聴感」を育てることを重視しています。

コダーイの音楽教育は，幼児期には，わらべうたで遊びながら音楽の基礎を身体全体で感じることから始めます。小学校では，ハンド・サインなどを用いて階名やリズムを学びながら，単一の旋律でそろうように歌います。学年が上がると合唱へと移行し，複数の旋律で立体的な音楽に取り組んでいきます。このように，子どもたちの成長に応じて段階的・継続的に音楽を経験できるように計画されています。コダーイ・メソッドは，主体的に音楽を表現し，音楽によって子どもたちの様々な能力を育てることを目指した音楽教育です。

参考文献

石井玲子（2018）『実践しながら学ぶ子どもの音楽表現』保育出版社。

フォライ・カタリン，セーニ・エルジェーベト／羽仁協子・谷本一之・中川弘一郎共訳（1975）『コダーイ・システムとは何か――ハンガリー音楽教育の理論と実践』全音楽譜出版社。

横井雅子（2006）『ハンガリー音楽の魅力――リスト・バルトーク・コダーイ』東洋書店。

（長谷川梨紗）

第４節　言葉でリズム遊び

子どもは楽しむことの天才です。特別な道具がなくても，身の回りにある素材をうまく見つけて，それらを様々に用いて，感じたこと，考えたことを表現しています。

子どもたちが話す，あるいは聞く「言葉」もまた，表現の素材の一つとなります。幼稚園教育要領解説の領域「言葉」の（７）「生活の中で言葉の楽しさや美しさに気付く」の項には，「言葉はただ単に，意味や内容を伝えるだけのものではない。声として発せられた音声の響きやリズムには，音としての楽しさや美しさがある」と書かれており，例として「ゴロゴロ ゴロゴロ」というように言葉の音を繰り返すリズムの楽しさや「ウントコショ ドッコイショ」というような言葉の音の響きの楽しさなどが示されています（p.221）。日常のいろいろな場面で，オノマトペや言葉の響き，リズムを感じ取り，繰り返し唱えて楽しむ子どもの姿に出会うことがあります。それらは後に，ふしが付いて歌となったり，動きに表れたりすることもあります。言葉を声に出してリズムや響きを感じることが，子どもの表現を引き出す可能性を含んでいます。

解説には「幼児期の発達を踏まえて，言葉遊びを楽しむことも，いろいろな言葉に親しむ機会となる」とあり（p.219），子どもが言葉のリズムや響きのおもしろさを体感できる活動が求められています。【事例３－３】は，４歳児と拍にのせて言葉を唱える活動を行った例です。

事例３－３　拍にのって言葉を唱える子どもたち

子どもたちは普段から，絵本や歌，また園で飼っているうさぎなどを通して，動物に親しんでいます。そのため，動物の名前を使って，言葉のリズムを楽しむ活動を行いました。まず，言葉にリズムがあることを体感するため，保育者がリズムを手で打ちながら言葉を唱え，子どもたちは保育者の言葉を声に出して模倣しました。くま・ぞう（２文字），うさぎ・パンダ（３文字），ライオン・しまうま（４文字）など，異なる文字数の言葉を選び，動物のイラストとともに提示しました。いろいろな動物の名前を唱えるうちに，子どもからも「ハムスターは？」「モモンガは？」など，自分が飼っているペットの名前が飛び出し，言葉を唱えることを楽しんでいる様子でした。

次に，それらの言葉を拍にのせて唱えました。保育者は，下の例のように拍を手拍子で打ちながら，４拍に収まるように動物の名前を入れました。子どもは保育者の打つ拍に合わせて言葉を模倣し，保育者と子どもで言葉を掛け合うように，連続して唱えました。

【動物の名前を用いてリズムを楽しむ活動例】

	保育者				子ども				反復	保育者				子ども				反復	…
言葉	う	さ	ぎ	𝄽	う	さ	ぎ	𝄽		く	ま	𝄽	𝄽	く	ま	𝄽	𝄽		
拍	♩	♩	♩	♩	♩	♩	♩	♩		♩	♩	♩	♩	♩	♩	♩	♩		

初めはうまく拍の中に言葉を入れられない子どももいましたが，同じ言葉を繰り返すことで，次第に身体に馴染んできたようです。保育者との言葉のリレーが終わった後も，他の言葉を拍にのせて口ずさむ子どもが出てきました。事例では，拍に合わせてリズミカルに言葉を唱えたことで，言葉のリズムに興味をもち，親しむ様子が見られました。

このような子どもの姿を体験するために，言葉のリズムを味わう活動をしてみましょう。まずは言葉そのものがもつリズムを，反復して唱えて実感してください。１人でもリズムのおもしろさに触れることができますが，２人以上で一緒に言葉を発したり，掛け合ったりすることで，呼吸がそろう楽しさを感じ取れるだけではなく，組み合わされた新たなリズムの魅力に気付きます。今回は，言葉を用いてヴォイス・アンサンブルをしてみましょう。

アンサンブルのリズムの掛け合いのおもしろさを効果的に聴き手に届けるためには，作品としての完成度も重要です。音の組み合わせや，音の重なりを考えるほか，反復や呼びかけとこたえのような全体の構成を考える必要があります。さらに，作品の表現力を増すために，強弱や速度，音色や高低などにも気を配りましょう。これらの「音楽を形づくっている要素」にも着目しながら，アンサンブルを完成させてください。

ワーク３-２　言葉でヴォイス・アンサンブル！

準備運動：ヴォイス・アンサンブルを楽しむためには，柔らかな身体と心が必要です。
しっかりと身体を動かし，発声練習をしておきましょう。

※４～６名程度のグループに分かれ，１人ひとつの言葉を担当しましょう。

1．テーマを決めましょう。 例：食べ物（果物，お菓子…），乗り物，キャラクターなど
テーマ（　　　　　　　　　　　）

2．テーマに沿った言葉を書き出しましょう。

[　　　　　　　　　　　　　　　　　　　　　　　]

3．２の中から使う言葉を決め，４拍に収まるよう言葉を下の表に書きましょう。
また，リズムを可視化するため，音符と休符でも表してみましょう。

	A				B				C			
	1（拍）	2	3	4	1	2	3	4	1	2	3	4
言葉												
リズム												

	D				E				F			
	1	2	3	4	1	2	3	4	1	2	3	4
言葉												
リズム												

※同じ言葉でも，発音するスピードを変えると複数のリズムになります。

例	1（拍）	2	3	4	1	2	3	4	1	2	3	4
	じゃ	が	い	も	じゃが	いも			じゃがいも			
	♩	♩	♩	♩	♫	♫	𝄽	𝄽	♬♬	𝄽	𝄽	𝄽

4．３の言葉を組み合わせて，作品に仕上げましょう（作品シートはミネルヴァ書房のホームページからダウンロードできます）。

組み合わせの例：① 同時に始める，② リレーをする，③ ずらして重ねる，無音の小節をつくるなど。同じパターンを何度か繰り返してもよいし，異なる様々なパターンを組み合わせて構成しても構いません。

①同時に始める

ショー	トケ	ーキ	
♩	♫	♫	𝄽
パイ			
♫	𝄽	𝄽	𝄽
ドーナツ			
♫♬	𝄽	𝄽	𝄽
マリ	トッ	ツォ	
♫	♪𝄾	♩	𝄽

②リレーをする

ショー	トケ	ーキ					
♩	♫	♫	𝄽	𝄽	𝄽	𝄽	𝄽
			パイ				
𝄽	𝄽	𝄽	♫	𝄽	𝄽	𝄽	𝄽
				ドーナツ			
𝄽	𝄽	𝄽	𝄽	♫♬	𝄽	𝄽	𝄽
					マリ	トッ	ツォ
𝄽	𝄽	𝄽	𝄽	𝄽	♫	♪𝄾	♩

③ずらして重ねる

ショー	トケ	ーキ	
♩	♫	♫	𝄽
		パイ	
𝄽	𝄽	♫	𝄽
			ドーナツ
𝄽	𝄽	𝄽	♫♬
	マリ	トッ	ツォ
𝄽	♫	♪𝄾	♩

5．声の強弱，高低，バランスなどを工夫してみましょう。

このヴォイス・アンサンブルを，声を出さずにリズムのみ手で叩くと，よりリズムに集中して演奏することができます。また，身体の叩く場所を変えると様々な種類の音が鳴り，ボディ・パーカッションとしても楽しめます。

参考文献

小原光一他（2021）「オノマトペでリズム・アンサンブルをつくろう」『MOUSA1』教育芸術社。
高須一・佐藤日呂志編著（2010）『小学校　新学習指導要領の授業音楽科実践実例集』小学館。

（宮内晴加）

ここで紹介した「作品シート」は，ミネルヴァ書房 HP 上の本書のページからダウンロードが可能です（Word，PDF）。

https://www.minervashobo.co.jp/book/b658481.html

第4章

動きと音楽表現

保育園やこども園では，まだ言葉を話せない乳児期の子どもたちが，保育者の歌やリズミカルな言葉かけに，手足を動かしたり，身体を揺らしたりする様子が見られます。保育所保育指針では，第２章１「乳児保育に関わるねらい及び内容」（２）ウ「内容の取扱い」②に「乳児期においては，表情，発声，体の動きなどで，感情を表現することが多いことから，これらの表現しようとする意欲を積極的に受け止めて，子どもが様々な活動を楽しむことを通して表現が豊かになるようにすること」と記されています。乳児期の子どもに対して保育者は，子どもが感性や感情を豊かにもち，表現する力を身につけていくために，言葉や歌による語りかけを通して，表情豊かに関わることが大切でしょう。

また，１歳を過ぎる頃からは言葉の習得とともに，歩く，走る，跳ぶなどの基本的な動作が発達し，声や言葉と動きを関わらせた多様な表現が見られるようになります。子どもたちは，保育者や周囲の子どもたちとの信頼関係や安定した関わりを基盤に，自発性や探索意欲などを高め，主体的に活動できるように成長していきます。

この章では，乳幼児の「動きと音楽表現」の関わりを取り上げます。子どもたちは，動きとリズミカルな声や言葉，歌や音楽をどのように関わらせて表現しているのでしょう。また，保育者はどのように子どもたちと関わっているでしょうか。ここでは実践事例やワークを通して，子どもたちの活動を考えていきましょう。

（岡林典子）

第１節　オノマトペと動き

1.1　リズムと同期する１歳児

先にも述べたように，１歳を過ぎると子どもたちは，言葉や基本的な運動機能が発達します。保育所保育指針 第２章２「１歳以上３歳未満児の保育に関わるねらい及び内容」（２）ア「健康」の（イ）③に，「走る，跳ぶ，登る，押す，引っ張るなど全身を使う遊びを楽しむ」と挙げられています。また，イ「人間関係」の（イ）③には「身の回りに様々な人がいることに気付き，徐々に他の子どもと関わりをもって遊ぶ」ことが挙げられています。さらに，オ「表現」の（イ）②には，「音楽，リズムやそれぞれに合わせた体の動きを楽しむ」ことが挙げられており，子どもの音楽的表現や身体表現が，心身の発達や人間関係を基盤にして育まれていくことが理解できます。以下の【事例４－１】は，１歳児クラスの子どもたちと保育者が円柱形の大きなマットで遊んでいる場面の事例です。

事例４－１　「パッカ，パッカ」と体を動かす１歳児

１歳児クラスの子どもたち数人が円柱形の大きなマットの周りに集まっています。保育者が「次は，Ａちゃんね」というと，Ａちゃんは嬉しそうな表情でマットにまたがります。

保育者が「いくよー，そーれっ」と掛け声をかけ，「パッカ，パッカ，パッカ，パッカ」とゆっくり唱えると，Ａちゃんも馬に乗っているように体を前後に揺らして唱えています。周りの子どもたちも保育者と声を合わせ「パッカ，パッカ…」と唱えながら順番を待っています。保育者が頃合いをみて，「いっち，にー，さーん，しっ，…」とリズミカルに10まで数えると，次の子どもと交代です。

この場面では，保育者が明るく弾むような声で唱える「パッカ，パッカ」のオノマトペが，そのリズムと同期するＡちゃんの身体の動きと，順番を待っている他の子どもたちの声をつないでいます。拍やリズムの共有を通して，子どもたちと保育者は一体となり，気持ちを通わせています。順番を待つというルールが，日常の遊びを通して子どもたちに身につくことが分かります。

譜例４－１　拍節的に唱えるリズム

♩	♩	♩	♩
パッカ	パッカ	パッカ	パッカ
♩	♩	♩	♩
いっち	にー	さーん	しっ

1.2　拍を感じ，動きで表現する２歳児

コラム「絵本と表現」（本書，p.31）でも触れましたが，絵本は子どもたちに身近な文化財であり，言葉と絵から感性に働きかけ，子どもたちの表現を引き出すきっかけとなる音楽性を

作・絵：なかやみわ，福音館書店，2000

内包しています。

次の【事例４-２】では，２歳児クラスの子どもたちに絵本『だれかなだれかな？』を用いて表現遊びを試みた内容を取り上げます。

この絵本では，「だれかな？ だれかな？」という呼びかけに続くページを開くと，うさぎやまんぼう，はりねずみなどの動物が，愉快な表情で跳ねたり，泳いだり，飛んだりして，絵とともに動きを感じることができます。

事例４-２　拍を感じ取り，声と動きで表現する２歳児

写真４-１　うさぎの表現をするＢ児

写真４-２　「Ｂちゃんのうさぎさん，こんなんだったね」とＢ児の表現を紹介する保育者

保育者は，絵本を手にして「だれかな　だれかな？」と読み始めます。うさぎの頁で保育者は，「ぴょん…くろうさぎ。ぴょん…しろうさぎ」と間を取って読んでいます。はりねずみの頁では，「ちく・ちく・ちく・ちく｜はり・ねず・み𝄽」と，４拍にまとまる日本語のリズムが感じられる保育者の読み方に，子どもたちが声を合わせます。

次に保育者は「絵本に出てくる動物になって遊んでみる？」と子どもたちに誘いかけ，身体表現をすることになりました。うさぎの表現では，子どもたちが手で耳をつくって，「ピョン・ピョン・ピョーン」「ピョーン・タッタ・タッタ」などと発声しながら跳ねています。保育者はＢ児の表現に着目して，「おお，すごい。Ｂちゃんのうさぎさん，こんなのだったね」と，Ｂ児の真似をしてみせました【写真４-１】【写真４-２】。そして，「みんなもできる？」と尋ねると，子どもたちは，それぞれが意欲的に「ピョン・ピョン・ピョン・ピョン…」と，拍を感じる声と動きで，うさぎを表現しました【写真４-３】。また，「ぼーぼーぼーぼー　ふくろうおやこ」の頁では，子どもたちが裏声を使って「ほ〜ほ〜」と鳴きながら，両腕を広げて勢いよく飛んでいます【写真４-４】。この場面では，ふくろうの声と動きが合わさった，２歳児ならではの楽しそうな身体表現がなされていました。

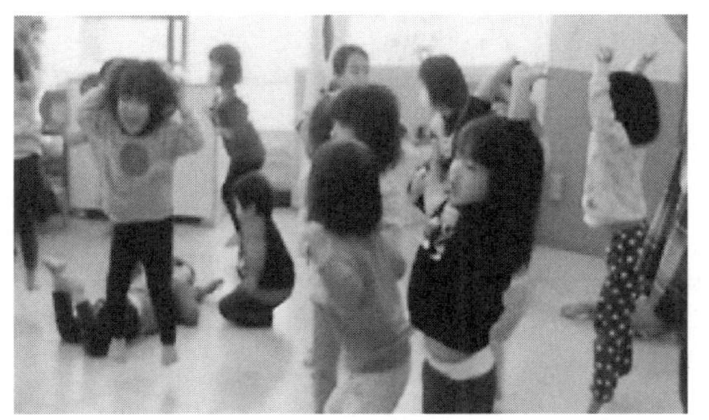
写真４－３　保育者の動きを見て，うさぎの動きを表現する２歳児

写真４－４　ふくろうを表現する２歳児

（福井美由紀・奥北真奈・西村美月・桝谷芽衣）

1.3　リズムの応答が見られる３歳児

次の【事例４－３】では，３歳児クラスの子どもたちに絵本『とんとんとん』を用いて表現遊びを試みた内容を取り上げます。

この絵本では，同じ「とんとんとん」というオノマトペが，「金づちを打つ」「扉をノックする」「にんじんを切る」「肩を叩く」「階段を下りる」「毬をつく」「太鼓を叩く」など，場面によって様々な動きを伴って表されており，子どもたちはオノマトペを声に出しながら，保育者や友達とともに動きを伴った表現を楽しむことができます。

作：間所ひさこ，絵：とりごえまり，フレーベル館，2010

事例４－３　拍にのって「とんとんとん」とリズミカルに応答する３歳児

保育者は，子どもたちが動きを伴ってリズミカルな言葉の掛け合いの楽しさやおもしろさを味わえるように，以下のようなやりとりを計画しました。

譜例４－２　「とんとんとん」のオノマトペを用いたリズミカルな言葉のやりとり

（保育者と子ども）　とん とん とん っ て｜なん の お と？　（保育者）まつ りの たい こ｜（保育者と子ども）とん とん とん

「とんとんとん」というオノマトペで表される動きが多様であることに気付けるように，保育者は動きの異なる「金づちを打つ」「階段を下りる」「ドアを叩く」「太鼓を叩く」などの動作について，丁寧に子どもたちに話をしました。保育者が提示する絵本の太鼓の頁を見て，Ｃ君は「とんとんとん」と言いながら太鼓を叩く動作をしています。肩を叩く動きをする子どもも見られました。Ｄ君は，トイレのドアをノックして，「これも，とんとんとんやなあ」と言っています。それを見ていたＥ君は，トイレのいろいろなところを「とんとんとん」と言いながらノックして回りました。

譜例のように，保育者とともにリズミカルに応答ができたのは，初めは数人でしたが，次第に動きを伴ったリズミカルなやりとりができるようになっていきました。絵本に載っている動きだけではなく，「卵を割ろう」「つま先，鳴らそう」「友達，呼ぼう」などの発想も，生まれました。

（今村香奈）

1.4　強弱を動きで表現する４歳児

文・絵：樋勝朋巳，福音館書店，2013

次の【事例４－４】では，４歳児クラスの子どもたちが絵本『きょうはマラカスのひ』を用いて表現遊びを行った内容を取り上げます。

この絵本では，マラカスの音やリズムを表す文字の大きさ・太さ・配置などから，音の強弱や音色の違いを感じ取ることができます。例えば，登場人物の１人であるパーマさんの演奏するマラカスの音は，「チャッ　チャッ　チャッ　チャッ」のオノマトペで表されています。パーマさんの動きに合ったオノマトペの表記により，音の強さの変化が感じられます。またフワフワさんの音は小さく細い文字で「シャカ　シャカ　シャカ　シャカ」と繰り返され，か細い音の響きや音色やリズムなど，登場人物による音楽的表現の違いが感じられます。

事例４－４　強弱を豊かな動きで表現する４歳児

保育者が絵本を手にして子どもたちの前に座ると，子どもたちは「カンカンカンカン…」と言いながら足を動かし始めます。大好きなお話のストーリーをしっかりと覚えているので，お話が始まる前から，すでに子どもたちの表現意欲が高まっていることが伝わってきます。

読み聞かせが始まると，子どもたちは保育者と掛け合いながら，「チャッ　チャッ　チャッ　チャッ」のオノマトペを表現する声をだんだんと小さく変化させていきました。続いて，発表会の演者と観客のグループに分かれて，それぞれの表現を発表しました。皆が互いの表現を認め合い，声や顔の表情に加えて身体全体の動きを使って，楽しみながら表現をしていました。

写真４－５　発表会に見立ててマラカスの演奏表現をする４歳児

（木徳友利恵）

声と動きによる子どもたちのマラカスの演奏表現には，強弱，反復，問いと答えなどの音楽的要素が多様に認められました。また，保育者や友達との掛け合いは，拍にのってタイミングのよいやり取りがなされていました。どの子どもにも，生き生きとした楽しそうな笑顔が見られました。友達に表現を受け止めてもらうことが自信となっているようです。

1.5　高低を声と動きで表現する５歳児

【事例４－５】では，５歳児クラスの子どもたちの，絵本『だるまさんが』（本書，p.16）を用いた表現遊びを取り上げます。

この絵本は，「だるまさんが」の言葉とともに，見開きの２頁に六つのだるまさんが左右に揺れる絵が載っています。頁をめくると，だるまさんが「どてっ」と転んだり，「ぷしゅー」とつぶれたり，「びろーん」と伸びたりなど，動きの変化とオノマトペの関わりが楽しく感じられます。だるまさんになって動いてみると楽しい表現が生まれるでしょう。

事例４－５　**だるまさんの動きを，身体と声で表現する５歳児**

オノマトペと体の動きを体感できるように，保育者は子どもたちに，だるまさんに変身するように伝え，絵本を読み始めました。また，間やタイミングを感じて表現するために，「だ・る・ま・さ・ん・が」と，拍の流れを感じられるように読みました。だるまさんが「どてっ」と転んだり，「びろーん」と伸びたり，「ぷしゅー」と縮んだりする様子を，子どもたちは，オノマトペや顔の表情，身体全体を使って，楽しみながら表現しました【写真４－６】。（広瀬香佳）

子どもたちは，「どてっ」という短いオノマトペを，低い声と転がる動きで表したり，「ぷしゅーっ」というオノマトペを高い声から低い声へと変化させたり，だんだん弱くなる声の変化ともに体がペッタンコになる動きで表現しました。また，「びろーん」では，伸び上がる動きとともに，声がだんだん高くなっていきました。保育者や友達に触発され，子どもたちには，強弱，高低，テンポの変化など，音楽を特徴付けている要素を含む様々な表現が見られました。

写真４－６「どてっ」という動きを表現する５歳児

これまでの事例に見られたように，オノマトペは音をイメージしたり，動きと音声をリズミカルに結びつけるなど，語彙の少ない幼児の表現を幅広く豊かに伸ばす可能性を秘めています。保育者を目指す皆さんは，このようなオノマトペの有用性を視野に入れて，音楽活動や表現活動を工夫することを試みてほしいと思います。

次のワークでは，私たちの声と体の動きが密接につながっていることを体験してほしいと思います。身体の力を抜いて，声と動きのワークをやってみましょう。

ワーク４－１　**長く伸びる声とともに，腕を動かしてみよう！**

利き腕をあげて，「ス――――ッ」と言いながら，横に動かしてみましょう。

- 腕はどのように動きましたか。
- 下の線のような動きでしたか？

――――――――→

ワーク４－２　**短く切れる声とともに，腕を動かしてみよう！**

今度は，「スッ，スッ，スッ，スッ」と短く切れる声を出しながら，腕を横に動かしてみましょう。

- 腕はどのように動きましたか。
- 下の破線のような動きでしたか？

―　―　―　―

ワーク４－３　**長く伸びる声とともに，腕を止めながら動かしてみよう！**

次は「ス――――ッ」と言いながら，腕を　―　―　―　―　のように止めながら，動かしてみましょう。どのように感じますか？

ワーク４－４　**短く切れる声とともに，腕をなめらかに動かしてみよう！**

最後は「スッ，スッ，スッ，スッ」と短く切れる声を出しながら，腕を横になめらかに動かしてみましょう。どのように感じましたか？

【ワーク４－１】【ワーク４－２】に比べると，【ワーク４－３】【ワーク４－４】では，腕の動かしづらさを感じたのではないでしょうか。そのことから，私たちの声と身体の動きは，連動していることが理解できますね。次のワークに進みましょう！

ワーク４－５　**「くるくる」と言いながら，腕や身体を動かしてみよう！**

「くるくるくるくる」と言いながら，腕や手，指を回してみましょう。

「ハイ」と掛け声がかかったら，「くるくる」を「ぐるぐる」に変えて，続けて腕や手，指を回してみましょう。

「くるくる」と「ぐるぐる」では，声の大きさや高さ，動きの速さや大きさにどのような違いが見られたでしょうか？　「くるくる」と「ぐるぐる」の声の大きさ，高さ，動きの大きさ，速さを比べてみると，「くるくる」には「声が高く，動きが小さく，速い」などの傾向があり，「ぐるぐる」には「声が低く，動きが大きく，遅い」などの傾向があることが分かります。このように，オノマトペには規則性があります。

声に出してみると，「清音（くる）」と「濁音（ぐる）」の違いや，特殊拍と呼ばれる「長音（ちょうおん）（くーる）」，「促音（そくおん）（くるっ）」，「拗音（ようおん）（きゅる）」，「撥音（はつおん）（くるん）」により，リズムや動きの勢いなどに違いが感じられますね。「くーるくーる」や「くるっ」「きゅるきゅる」などと言いながら回ってみてください。動きの大きさや速さにどのような変化が見られるかを意識してみましょう。

参考文献

村山貞雄編（1987）『日本の幼児の成長・発達に関する総合調査——保育カリキュラムのための基礎資料』サンマーク出版。

（岡林典子）

第2節　リトミック

2.1　音と身体の動きから表現へ

第２節では，音と身体の動きについて考えていきます。身体の動きを構成している要素には，「時間」「空間」「力 Energy」があります。例えば，ボールを遠くへ投げてみましょう。エネルギーは強く，空間も大きくなります。今度は近くに投げてみましょう。エネルギーは弱く，空間も小さくなりますね。音楽と関連させると，「時間」は速度や音価，「空間」は高低など，「力」は強弱に当てはまるのではないでしょうか。以下のワークをやってみましょう。

ワーク４－６　音楽に合わせた動きの違いを感じ取りましょう（その１）

動作に合わせたリズムを，手拍子や打楽器などでとりながら，「よい・こら｜しょ𝄽｜どっ・こら｜しょ𝄽」と，皆で動きを合わせましょう。声をそろえると力を合わせている雰囲気がさらに伝わりそうですね。次は，力を入れて綱引きをするイメージで，音楽に合わせて身体を動かしてみましょう。

譜例４－３　《よいこらしょ　どっこらしょ》

作詞・作曲：山岸多恵

自然と身体を大きく使って，ゆっくりとした動きになるでしょう。このように，遅いテンポでは空間は広くなります。次のワークに進みましょう！

ワーク4-7　音楽に合わせた動きの違いを感じ取りましょう（その2）

細かく軽快に野菜を刻むイメージで，第5-8小節は「トントン」など声を出しながら，右手のリズムに合わせて，包丁で野菜を細かく切る真似をしましょう。

譜例4-4　《やさいをきざもう！》

包丁で切る速い動きでは，空間が狭くなります。歌詞の「おやさいじょうずに」の箇所は「にんじんじょうずに」や「だいこんじょうずに」などに置き換えて，いろいろな野菜を刻むイメージで，おままごとのように遊んでも楽しいですね。

【譜例4-3】は，重い・大きい・強い・遅いなどのイメージの動きになり，【譜例4-4】は，軽い・小さい・弱い・速いなどのイメージの動きになるでしょう。このような対照的な動作を体験することにより，子どもたちは音楽の様々な違いに気付くことができます。日常生活の中で聴こえてくる音に耳を澄まし，いろいろなリズムを探してみましょう。

2.2　エミール・ジャック＝ダルクローズ

音楽に合わせて身体を動かす活動を通して，音楽の変化や要素に気付く教育法の一つにエミール・ジャック＝ダルクローズ（Émile Jaques-Dalcroze，1865-1950）が考案したリトミックが挙げられます。ダルクローズは，6歳よりピアノの手ほどきを受け，ジュネーブ音楽院では常に優秀な成績を修めました。その後，ウィーンでアントン・ブルックナー（Joseph Anton Bruckner，1824-1896）に師事し，パリでマティス・リュシー（Mathis Lussy，1828-1910）から，「リズム表現の法則」を学びました。

27歳の時にジュネーブ音楽学校で和声理論とソルフェージュの教授に任命され，教育者としての活動が始まります。彼は学生を観察していて，音楽理論の知識や演奏技術はもっていてもリズムを感じて表現する力が弱いことに気付きます。

写真４-７　晩年のダルクローズ
出典：マルタン他（1977）

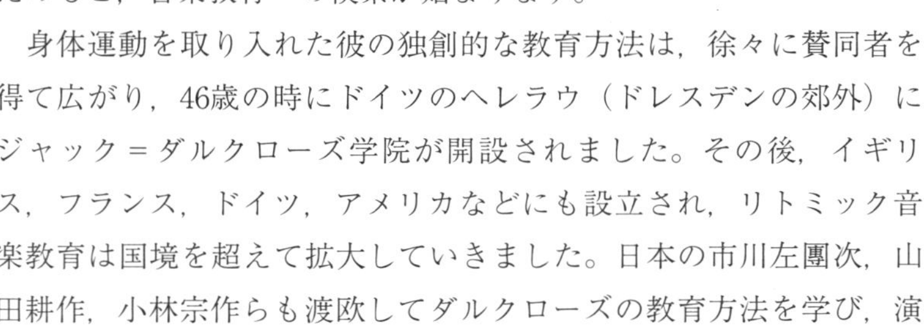

ダルクローズは，身体を「第一番目の楽器」と捉え，「肉体的訓練によってリズムと拍子の感覚を発達させることが課題である」と考えました。さらに36歳の頃には，「聴覚能力を発達させる」という考えのもと，音楽教育への模索が始まります。

身体運動を取り入れた彼の独創的な教育方法は，徐々に賛同者を得て広がり，46歳の時にドイツのヘレラウ（ドレスデンの郊外）にジャック＝ダルクローズ学院が開設されました。その後，イギリス，フランス，ドイツ，アメリカなどにも設立され，リトミック音楽教育は国境を超えて拡大していきました。日本の市川左團次，山田耕作，小林宗作らも渡欧してダルクローズの教育方法を学び，演劇や舞踊，教育などの分野に活かしました。

2.3　幼児のためのリトミック

リトミックについて板野平（やすし）は，「リトミック教育について今ひとつわれわれに課せられているのは，リトミックをいかにわが国，各地の条件にあった教育にするかという問題である。日本のこどもの体型にあった動き，そして日本に古くから伝わる遊びうたなど生活の中に融合したリトミック教育の必要性である。そのためには，教師自身の広範な連繫が必要となるであろう」と述べています（ダルクローズ 2016，pp.iv-v）。

ダルクローズが考案したリトミックのカリキュラムは，心身の発達段階に合わせた内容です。自ら動きたいという意欲や，身の回りのものに興味・関心・好奇心をもち，感じたことや考えたことを表現する力の基礎を培っていきます。また，リトミックは，感覚教育・知育教育・人間教育を指導理念としています。音楽性はもちろんのこと，判断力・反応力・創造性・想像性・社会性など様々な感覚が育まれると言われています。

リトミックは音楽に合わせて身体を動かします。そのため室温・換気などに留意し，快適な空間や安全に活動できるスペースを確保しましょう。活動では，無理に押しつけたりせず，子どもの成長に合わせた動きから始め，自然にできるようになったと感じられるように進めましょう。音や音楽を感じながら身体を動かし，表現することへの楽しみを体験できるようにしましょう。リトミックは音楽教育です。動くことだけではなく，常に子どもが集中して音楽を聴くように意識しましょう。

ジャック＝ダルクローズは，リトミック教育の目的について，「学んだあと，生徒たちが，『知っています』ではなく，『やりました』といって――そのあと，自分を表現したいという欲求を自分の内に生み出すようにすることである」と述べています。これらの感動体験が豊かな音楽表現へとつながり，子どもたちの心の成長の一助となることを願っています。活動を積み重ねることに留意しつつ，新たな活動にチャレンジしましょう。保育者も楽しみながら，子どもとともに学び合う気持ちを大切にしたいですね。子ども自身の表現したいという気持ちを引き出し，音楽の美しさや音楽する喜びをともに味わいましょう。

本書では，ダルクローズの教育理念をもとに，日本における幼児教育に適合した内容や方法を考えていきたいと思います。巻末にいくつかの実践例を紹介します。音楽を特徴付けている要素を，音楽と身体の動きで体験しましょう。

参考・引用文献

フランク・マルタン／板野平訳（1977）『エミール・ジャック＝ダルクローズ』全音楽譜出版社。

エミール・ジャック＝ダルクローズ／板野平監修／山本昌男訳（2016）『リトミック論文集——リズムと音楽と教育』全音楽譜出版社。

エミール・ジャック＝ダルクローズ／板野平訳（2019）『リトミック論文集——リトミック・芸術と教育』全音楽譜出版社。

（山岸多恵）

memo

第5章

楽器と表現

子どもたちは乳児の頃から，音がするものに興味をもち，音が鳴る玩具に親しんでいます。子どもに相応しい楽器とは，どのようなものでしょうか？　幼稚園教育要領解説には，「幼児が思いのままに歌ったり，簡単なリズム楽器を使って遊んだりしてその心地よさを十分に味わうことが，自分の気持ちを込めて表現する楽しさとなり，生活の中で音楽に親しむ態度を育てる。ここで大切なことは，正しい発声や音程で歌うことや楽器を正しく上手に演奏することではなく，幼児自らが音や音楽で十分遊び，表現する楽しさを味わうことである」と書かれています（p.240）。

ここで楽器については，「簡単なリズム楽器」と記されています。３歳児は，楽器と出会うところから始まります。乳児期に玩具を振ったり，打ったりして発する音を楽しんでいた子どもの活動を，無理なく受け継ぐには，簡単に音を出すことができる打楽器が相応しいでしょう。一般に，保育の定番の楽器として，カスタネット，タンブリン，鈴，トライアングル，大太鼓，小太鼓などが思い浮かびます。その他，打楽器には多くの種類があり，素材の違いによって，音質が異なります。日本の楽器にも，和太鼓をはじめ，多くの打楽器があります。楽器選びには，子どもが持ちやすい重さやサイズなど，扱いやすさ，美しい音色，そして何より安全性を考慮する必要があるでしょう。

打楽器には比較的簡単につくれるものがあり，保育者や子どもたちがつくって楽しめるものがあります。本章では，「音色」や「リズム感」を育むという観点より，子どもたちの好きな太鼓や和楽器，民族楽器や手づくり楽器といった様々な楽器を用いた活動を取り上げます。

（佐野仁美）

第１節　打楽器との出会いからリズム感を育む表現へ

1.1　楽器を自由に鳴らす活動

楽器を用いる時も，環境を整えることが大切です。屋外で鼓笛隊をするのは楽しい活動ですが，室内で25人が一斉に小太鼓を叩いて行進したら，どうなるでしょうか？　楽しいはずの活動が，「耳が痛くなる活動」に変わってしまうかもしれませんね。保育者は楽器の音量を考慮して，活動に相応しい場所を確保し，過度に教え込んだり，訓練したりすることのないようにしましょう。

主体的に活動するために，まずは子どもたちが楽器と自由に出会うようにしてみましょう（第２章第２節参照）。もともと音の鳴るものに興味をもっている子どもたちですから，目の前に楽器が置かれていたら，それを鳴らしてみたいと思うはずです。触って確かめ，振ってみたり，いろいろなところを叩いてみたりすることでしょう。このように，自由に楽器を鳴らして遊ぶ経験が重要です。最初から保育者が，「タンブリンは左手で持って，右の手のひらで打ちましょう」というように教えてしまっては，子どもたちは「この打ち方が正解」「これは不正解」のように思い込んでしまいます。結果として，子どもの表現を枠にはめてしまうことにならないでしょうか。もちろん，「タンブリンの穴に指を入れない」というように（怪我をする可能性があります），安全性に配慮することは必要です。

楽器は，本体の素材（木，皮，金属など）によって，音の種類が大きく異なります。また，木でできたバチや毛糸でくるんだマレットなど，叩くものの素材によっても音が変化します。皆さんも楽器を手に取ってみたら，どのくらい音を鳴らす方法を思いつきますか？　同じ楽器でも，打ったり，こすったり，はじいたりする方法や，強く打ったり，弱く打ったり，打つ場所を変えたりすることによって，音の強弱や音色が変わりますね。子どもたちが楽器遊びをする中で，自分なりに工夫し，様々な音を出してみて，音の違いを発見できると良いですね。そのような体験を積み重ねることにより，主体的に「ここはこのような音で表現したい」という気持ちが芽生えてきます。

1.2　オノマトペからリズムの表現へ

「どのような音で表現したいか」という意欲をもつことは，創造性の基礎であり，生涯にわたって音楽活動を行う上で，とても重要です。しかしながら，言葉の獲得途上にある子どもたちは，「向こうからやってくる大きな動物の足音のように，だんだん強く」とか，「明るい音色で」のように，言葉だけでイメージを表現したり，意味を理解したりすることが難しいです。そのため本書では，オノマトペや身体を用いた遊びを取り上げてきました。保育者が，一緒に

作：樋勝朋巳，福音館書店，2019

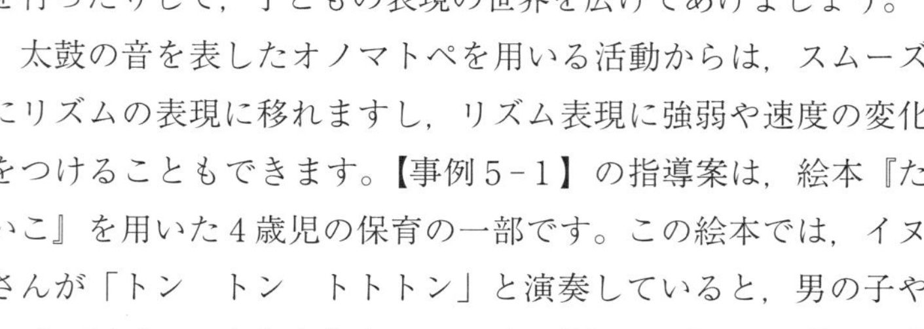

動物の様子を身体で表現してみたり，「キラキラした音で鳴らしてみよう！」と声をかけたりして，イメージを共有します。子どもの気付きを受け止めて共感したり，子どもの気持ちに寄り添いながら，時には「こんな風にも叩けるよ」と新しい提案を行ったりして，子どもの表現の世界を広げてあげましょう。

太鼓の音を表したオノマトペを用いる活動からは，スムーズにリズムの表現に移れますし，リズム表現に強弱や速度の変化をつけることもできます。【事例５－１】の指導案は，絵本『たいこ』を用いた４歳児の保育の一部です。この絵本では，イヌさんが「トン　トン　トトトン」と演奏していると，男の子やカエルさんたちが「なかまに いれて」「いいよ」と加わっていき，「トン　トン　ポコ　ポコ」「トン　トン　ポコ　ポコ　ペタ　ペタ」「トン　トン　ポコ　ポコ　ペタ　ペタ　ボン　ボン」と太鼓の音の種類が増えていきます。２回ずつの繰り返しが「トン　ポコ　ペタ　ボン」のように１回ずつに変化し，文字が大きくなって白熱しているように感じられます。そこにやってきたワニさんの「うるさいぞ　ガオー」の声に皆は逃げ出しますが，ワニさんが太鼓を叩く音につられて，だんだん戻ってきて，最後はワニさんも一緒に皆で演奏して盛り上がるという内容です。文字の大きさや太さ，斜めの配列方法など，視覚からも太鼓の音の大きさや勢いが感じられる絵本です。

子どもたちはオノマトペを用いて，自然に拍子や，速度，強弱の変化を楽しんでいました。これらは，高さを変えたり，弱くしたり，テンポを速めたりする保育者の声に導かれた表現です。保育者がどのように読み聞かせるのかが重要ですね。また，「なかまに いれて」「いいよ」や，「トントン ゴン」「ガオ」など，保育者や子ども同士での掛け合いが見られ，呼びかけとこたえという音楽の仕組みを体験していました。

この表現遊びが気に入った子どもたちの思いを受け止め，保育者は，生活発表会では，太鼓の代わりに，全員が鳴らすことのできるカスタネットを用いた物語へと発展させました。

事例５－１　絵本『たいこ』を用いた４歳児の実践

保育者が『たいこ』を読み聞かせ，子どもたちは「トン　トン　トトトン…」と絵本のオノマトペを唱えて，登場人物になりきって楽しんでいました。子どもたちは，身体のいろいろな場所を叩いて，「トン」「ポコ」「ペタ」「ボン」というオノマトペに合う音を探し，読み聞かせに合わせて，ひざや頭，お尻や手を打つようになりました。

子どもたちは，登場人物に「イヌ」「モジャ」「カエル」などと名前をつけて愛着をもち，自分の役のペンダントを製作しました。登場人物ごとに分かれ，椅子を太鼓に見立てて打つ活動が展開されました。保育者の音声に触発されて，ゆっくりと静かな表現からテンポを上げてだんだんと強い表現になり，最後には立ち上がり，全員で声を合わせてポーズを決めました【資料５－１】。

資料５－１　４歳児　保育指導案

１．ねらい

○絵本『たいこ』のオノマトペを口ずさみ，言葉のリズムや表現を楽しむ。

２．内容

・絵本『たいこ』のリズミカルな言葉や，たいこを叩く表現を自分の身体を使って楽しむ。
・登場人物に分かれて，椅子を叩いて絵本の世界を表現して楽しむ。

３．近頃の子どもの姿

・絵本を読むと声に出しながら自分の身体を叩き，登場人物になりきって楽しんでいる。
・登場人物に分かれて，椅子を太鼓に見立てて，叩きながら絵本を楽しんでいる。
・登場人物に名前をつけ，愛着をもって呼んでいる。
・表現したい登場人物のペンダントを製作し，さらに役になりきって遊んでいる。
・「ガオガオさん」は保育者の役と思い，「先生のガオガオさんはおもしろい」と言っている。

４．展開

時間	環境構成	予想される子どもの活動	保育者の援助
10：00	P　保育者 子ども	○絵本『たいこ』を見る ・つくったペンダントを首からかけておく。 ・保育者の周りに集まる。 ・絵本の言葉やオノマトペを自分の身体を叩きながら口ずさむ。 ・自由に表現を楽しむ。	○落ち着いて絵本を見ることができるように声をかけて読み始める。 ・リズムよく読み進め，言葉のリズムや表現が楽しめるようにする。 ・リズムよくオノマトペを口ずさむおもしろさに共感し，子どもたちと楽しみながら一緒に読み進めていく。
	P　保育者 いぬ　モジャ　かえる　ハリハリ	○椅子をたいこに見立てて，絵本『たいこ』の世界を楽しむ。 ・役ごとに椅子を移動して集まる。 ・自分の役のオノマトペを口ずさみながら，椅子を叩く。 ・自由に表現を楽しむ。	○子どもたちが張り切って楽しめる雰囲気をつくる。 ・保育者も一緒に声を出し，オノマトペやリズムなどの表現を楽しむ。 ・子どもたちそれぞれの表現を認め，友達と一緒に表現することの楽しさや達成感を味わえるようにする。 ・次回の遊びにも期待がもてるように話をする。

（永金里英）

コラム５－１　楽器について，確認しておきましょう！

長年，保育で用いられてきた楽器についても，ここで少し触れておきましょう。

●カスタネット：初めて楽器を手にする子どもにも扱いやすい楽器です。スペインのフラメンコに用いられますが，教育用のものは，二つの木片をつないでいるゴムひもを左手の人さし指または中指に通して，手のひらの中で安定させて，右手を弾ませて打ちます。使う前にゴムひもは伸びていないか確認して，子どもの指に馴染むように整えておきましょう【図５－１】。

●タンブリン：片面太鼓の枠に小さなシンバルを取り付けたもので，打つ場所や打ち方により様々な音が出ます。左手で枠をもち，枠の穴に指を入れないように，気をつけましょう（怪我をすることがあります）。右手の指先で打ったり，手のひらで打ったり，左手を振ってトレモロにしたりして，いろいろと試してみましょう【図５－２】。

●トライアングル：紐を左手の人さし指にかけて右手で打ちます。紐が長すぎると回ってしまい，打ちにくいです。紐の長さを調節しておきましょう。打つ場所によって音が変わりますので，良い音がする場所を探してみましょう。角になっている箇所を使ってトレモロにすることもできます【図５－３】。

●鈴：不用意に音が出てしまわないように，気をつけましょう。左手で鈴をもち，右手を軽く握ってグーにして手首を打ったり，鈴をもって振ってトレモロのように演奏したりすることもできます【図５－４】。

●クラベス：左手を少し窪ませて木片をもち，右手でもう一片の木片をもち，交差させて打ちます【図５－５】。

●小太鼓や木琴のバチのもち方：バチは人さし指で押さえつけずにもち，よく弾ませて打ちましょう【図５－６】。

図５－１　カスタネットのもち方

図５－２　タンブリンのもち方

図５－３　トライアングルのもち方

図５－４　鈴のもち方

図５－５　クラベスのもち方

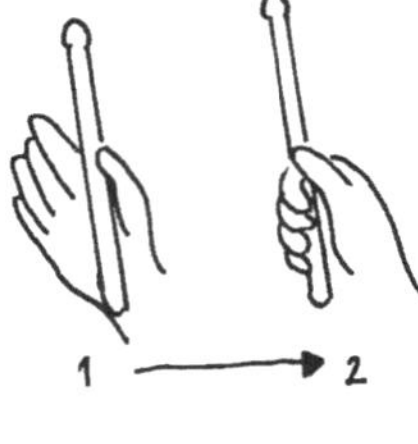

図５－６　小太鼓のバチのもち方と構え方

引用・参考文献

坂井康子・佐野仁美・岡林典子（2023）「創造性と協同性を重視した幼児の表現遊び――音楽づくりへのつながりを視野に入れた４歳児の実践から」『甲南女子大学研究紀要Ｉ』第59号，pp.143-150。

文部科学省（2018）『幼稚園教育要領解説』フレーベル館。

（佐野仁美）

第２節　和楽器を用いた表現

2.1　和楽器とは？

幼稚園教育要領の領域「環境」の「内容」（６）では，「日常生活の中で，我が国や地域社会における様々な文化や伝統に親しむ」と書かれ，「内容の取扱い」（４）に，具体例として唱歌やわらべうたが示されています。日本の伝統音楽は，時代や音楽を支えた階層により異なり，雅楽，能や歌舞伎に用いられる音楽，尺八や箏の音楽のように，多くの種類があります。幼い頃から日本の音に触れる活動は，日本の文化や伝統を引き継ぐとともに，子どもたちのアイデンティティを形成していく上で重要です。

幼児期から和楽器や口唱歌に親しむことは，日本人の音感覚に基づいた創造性を育むための素地づくりになるでしょう。保育では，小太鼓やカスタネットのような楽器が使われることが多いですが，実は，地域のお祭りや，ドラマの中の音楽などで和楽器の音は身近にあり，子どもたちの心を捉える素材かもしれません。お祭りに出かけたら，お囃子で使われている楽器にも注目してみてください。和楽器の大きさも様々です。保育では子どもたちに合ったサイズのもの，無理せず音を出しやすいものを選びましょう。

2.2　口唱歌の活用

ところで，日本音楽の学習では，多くの口唱歌が用いられます。本章第１節の『たいこ』のオノマトペを用いた実践と同じく，口唱歌は楽譜が読めない幼児のリズム遊びにも有用です。

吉川英史編『邦楽百科辞典』では，「唱歌（しょうが）」の項目に，「楽器の旋律・リズムに一定の音節をあてて口で唱えること。〈口唱歌〉ともいう。もとは雅楽の用語」と書かれています(p.516)。例えば，祭囃子の打楽器の唱歌として，締太鼓では「テン」「テ」「テケ」「テレツク」，大太鼓では「ドン」「ド」「ドド」など，休止符には「ス」や「スッ」が挙げられています。太鼓の口唱歌には楽器の音だけではなく，太鼓を演奏する時の動作やイメージも含まれていて，多様な言葉が太鼓の口唱歌に用いられます。

【事例５－２】は，絵本『たいこうちたろう』を用いた保育の例です。この絵本は，太鼓名人のたろうが，雷神様に雨を降らせてもらい，日照り続きの村を救うというストーリーで，多くの口唱歌とともに太鼓が重要な役を果たしています。「てんつく　てんつく　てんつくつ」「かっから　かんから　かあらから」「さんとこ　さんとこ　さんとこどっこい」のように，多くの口唱歌が出てきます。これだけでも，子どもたちは楽しく活動できそうですね。

また，「たあんと　あめが　ふりますように　たあんと　みずが　のめますように」のようなリズミカルな言葉が見られ，たろうが進むごとに，「たいこ　うちうち　たろうはすすむ」

という言葉のフレーズが繰り返されます。

和太鼓の実践では，保育者の声の表現や，身体表現，絵本の言葉のおもしろさに導かれて，口唱歌による様々なリズムの表現が生まれました。口唱歌とともに，実際に和太鼓を叩くことによりイメージが広がり，多くの表現が生まれたのでしょう。また，表現している子どもと観客役の子どもたちが息を合わせて跳んだり，リズム，拍や間合いを共有して楽しんだりする姿が見られました。保育者は，子どもたちの気付きを取り上げて共感し，日本人の音感覚に基づく表現を引き出していったのです。

作：庄司三智子，佼成出版社，2013

事例５－２　**絵本『たいこうちたろう』を用いた５歳児の実践**

子どもたちは，保育者の読み聞かせに続いて，口唱歌に合わせて自然に手拍子をしたり，「たいこ　うちうち　たろうは　すすむ」の言葉を皆で合わせて唱えたりして，心地良さを感じていました。

その後，好きな場面の口唱歌のリズムに合わせて，グループごとに和太鼓の表現を発表し合いました。観客役の子どもたちはそれを真似る遊びをしました。「さん・とこ｜さん・とこ｜さん・とこ｜どっ・こい」（♩♫｜♩♫｜♩♫｜♩♩）では，「さん」という撥音と「とこ」という音の組み合わせを生かしたリズム♩♫をつくっていました。観客役の子どもたちは，「どっこい」の掛け声に合わせて，跳び上がって楽しみました。「てんつく　てんつく　てんつくつ」の場面では，保育者は，つくしのイメージをもとに，しゃがんで立ち上がる子どもの表現を取り上げて，他の子どもたちと共有しました。下から伸び上がる身体表現は，強弱への関心につながっていくことでしょう。「かっから　かんから　かあらから」では，太鼓の枠や，鼓面のいろいろな場所を叩いて工夫する子どもの姿が見られ，保育者は子どもたちの意識を音色に向けました【資料５－２】。

資料５－２　５歳児保育指導案

１．ねらい

○絵本『たいこうちたろう』の和太鼓の音色に親しむ。

２．内容

・オノマトペや好きな語呂，リズムを唱える楽しさを味わう。
・友達と一緒に，唱え言葉や太鼓のリズムがそろうおもしろさを感じる。
・様々なオノマトペを唱えたり，登場人物になりきったりして遊び，子どもたちがイメージしたものや音を身体表現する。

３．近頃の子どもの姿

・子どもたちが登場人物の気持ちを友達や保育者に伝える姿がある。それぞれの表現方法を受け止めながら，友達と一緒にオノマトペや太鼓のリズムに合わせて唱えることを楽しんでいる。
・繰り返し読んでいく中で，絵本の登場人物の口唱歌を紙に書き始める。友達が書いた紙を見て，遊びのイメージが少しずつ広がり始めてきた。友達の「さんとこ　さんとこ　さんとこどっこい」の動きに合わせて，クラス中の子どもたちが思わずその場を立ち上がり，雷神様になりきっていた。

４．展開

時間	環境構成	予想される子どもの活動	保育者の援助
10：30	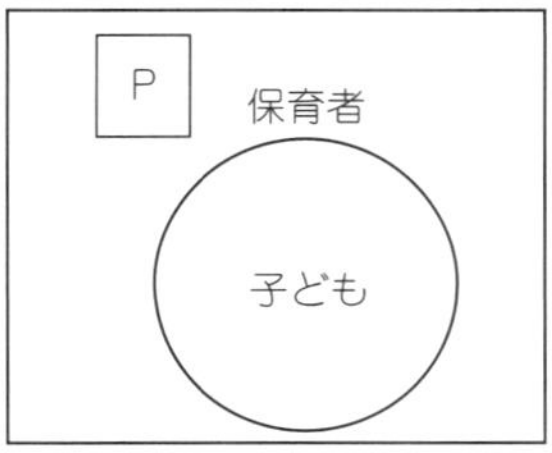 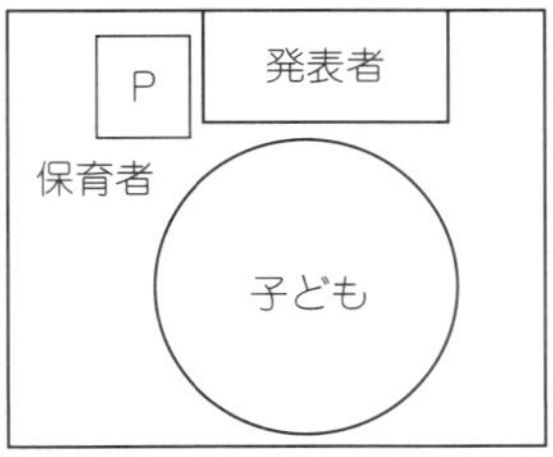	○絵本『たいこうちたろう』のお気に入りの場面を見る。 ・感じたことをつぶやく。 ・登場人物になりきり，口唱歌を口ずさむ。 ○好きな場面の登場人物になりきる。 ・リズムに合わせて太鼓を叩く。 ・口唱歌やリズムに合わせて声を出して体を動かす。 ・友だちと一緒に話し合い，イメージを膨らませる。 ○グループごとに見せ合う。 ○友だちの姿を見て，真似てみる。 ○登場人物になりきって，表現方法や友達と合わせて演奏することの楽しさを振り返る。	○落ち着いて絵本を見たり，話が聞けるように声をかけたりする。 ・子どもたちから出てきたつぶやきや表現方法を受け止め，リズムを唱える楽しさに共感していく。 ○太鼓を叩きながら音の違いのおもしろさを感じられるように声をかける。 ・子どもたちの話やアイデアを受け止め，遊びが共有できるように保育者も一緒に活動に参加する。 ○グループ発表への意欲を高める。 ・口唱歌に合わせて体を動かしたり，太鼓を叩いたりする子どもの姿を認め，クラス全体へ遊びのイメージが広がるようにする。 ・見せ合いっこでは，役になりきっている子どもたちの動きや太鼓に合わせて，皆でそろえて遊ぶ楽しさやおもしろさに共感する。

（田村　翼）

引用・参考文献

文部科学省（2018）『幼稚園教育要領解説』フレーベル館。

吉川英史編（1987）『邦楽百科辞典』音楽之友社。

（佐野仁美）

memo

第３節　民族楽器の特徴と取り入れ方

世界中の民族の文化には音楽があり，様々な楽器が使われています。保育や教育の場で使いやすい民族楽器は，音を出しやすい打楽器が中心となります。さらに，壊れにくいもの，持ちやすいもの，手に入れやすいものという条件が必要です。素材は，木や竹，木の実，麻紐などの自然素材や，動物の皮，骨，爪などを使用したものと，金属などに分かれます。

打楽器には，複数の音の出し方があります。打つ位置を変えたり，手やバチで打ったりして音色を変えることができます。教育楽器として製品化されたものには，カスタネット（スペイン）やタンブリン（西アジア・中近東・ヨーロッパ）があります。低年齢の子どもにも，様々な国の独特な響きがする楽器に触れる機会を与えてあげたいものです。民族楽器は，保育者と子どもの間で音やリズムのやりとりや，音の響きを生かした遊びに使うことができます。【表５-１】に楽器の特徴を述べていきます。

タンボリンやジェンベ，チャフチャス，カウベルとアゴゴベルなどは，リズム楽器として用いることができます。４歳児はリズムの同期ができるので，歌詞にオノマトペを含む童謡（《山の音楽家》《手をたたきましょう》《虫の声》など）や，リズミカルに言葉が使われている童謡（《おもちゃのチャチャチャ》《アイアイ》など）を歌いながら，リズム打ちをして楽しめます。その他の楽器は，絵本や劇などの効果音として使えます。

表５-１　保育で用いやすい民族楽器や打楽器

楽器名と原産国	楽器の写真	楽器の特徴
フィンガーシンバル（トルコ，エジプト，ベトナム，中国，日本など）		直径６センチ程度の小さなシンバルです。同種のものは，日本ではチャッパ，エジプトのベリーダンスで使うサガットなどもあります。ベトナムや中国，トルコにも似たようなものがあり，アジア，中近東を経てギリシャへ伝播したと言われています。フィンガーシンバルは指にはめる紐やゴムがついていて軽いので，幼児でも通常のシンバルと同様に，打ち合わせて鳴らすことができます。涼やかな音がします。

楽器名と原産国	楽器の写真	楽器の特徴
レインスティック （アフリカ・南米）		小さな粒の入った容器を振って音を出すものを総じてシェーカーといい，長めの持ち手が付いているものがマラカスと呼ばれています。シェーカーの仲間のレインスティックは，乾燥させたサボテンの幹に棘をらせん状に刺し，小石などの粒が入っています。左右に傾けると，粒が棘に当たりながら落ちていくのが雨の音を模しており，雨乞いの儀式に使われていました。 現在は，左右に傾けなくても絶え間なく音が持続できるよう，円盤形にしたものもあります。
オーシャンドラム （中南米）		オーシャンドラムは丸い木枠に動物の皮を張り，中に粒状のものが入っています。傾けると名前の通り海の波音がする楽器です。
スプリングドラム 別名：サンダードラム （東南アジア）		空洞の本体に膜を張り，膜の中央に細いコイルを取り付けたもので，本体を振ることでコイルが動いて膜に響き，雷のような音が出ます。コイルを擦ったり引っ張っても鳴ります。
ビブラスラップ （キューバ）		もとはロバなどの動物のあご骨をそのまま使用した「キハーダ」という楽器です。金属と木，プラスチックなどで製品化されています。球状部を叩くと箱の中にセットされた金属片が振動して箱をはじき、クラッシュしたような音が鳴ります。
ギロ （キューバ）		ギロは，もとはヒョウタンの表面に沢山切り込みを入れたもので，その凹凸をスティックで擦って音を出します。同種のものにモコック（ベトナム）というカエルの形をしたものがあります。カエルの背中の突起をスティックで擦ると，カエルの鳴き声のような音がします。
カウベル（上） （中南米） アゴゴベル（下） （中南米）		ともに金属製の楽器ですが，どちらもベルの中心部分に舌（ぜつ）がないので，揺らすのではなく木製のバチで叩いて鳴らします。響きは短いので，拍子に合わせてリズムをとるような役割の楽器です。スチールの空き缶を叩いたような音がします。

楽器名と原産国	楽器の写真	楽器の特徴
タンボリン （中南米）		かつては木枠にヤギなどの皮を張った円形の片面太鼓で，見た目はジングルのないタンブリンのような平べったいドラムです。スチールかアルミの枠にプラスチックの皮が張られて製品化されています。専用のバチか手で叩きます。タンブリンよりも硬い音がします。
ジェンベ （西アフリカ）		くりぬいた木にヤギの皮を張った太鼓で，手で叩きます。その甲高い音は日本の締太鼓の音に似ています。サイズは高さ60センチを超えるものから，30 センチの小さいものまで様々です。
チャフチャス（左） ガラガラシェイカー（右） （インドネシア・ペルー）		大粒の木の実の殻，あるいはヤギやロバの爪などを紐で沢山ぶら下げたもので，振って音を出します。特にヤギなどの爪でできたものは，コロコロ，カラカラと心地よく，軽やかな音です。布テープにぶら下げたものがチャフチャス（写真左），棒の上部に取りつけたものがガラガラ（写真右）です。
ウィンドチャイム （アメリカ）		長さの異なる金属棒が吊り下げられ，指やスティックでなでるように触って，揺れてぶつかり合うことで音が鳴ります。20音の卓上型のものから，オーケストラで使用される36音のフロアスタンド型のものがあります。キラキラと光っているような音がします。
フレクサトーン （イギリス・アメリカ）		金属板の両側にゴム製の玉がついており，振るとゴムの玉が金属板に当たって音が出ます。押さえる強さによって音の高さを変えることができ，お化けのような音が出ます。

ワーク５－１　学生による音の表現

遊び方のアイデアや工夫を広げるためには，楽器の音になじみ，イマジネーションを豊かにする必要があります。楽器の音をオノマトペや身体で表してみましょう。【表５－２】は，大学の授業で，学生たちが楽器の音を聴いて表現した例です。民族楽器ではないものも含まれています。

表５－２　楽器の音によるオノマトペと身体表現

楽器	オノマトペ	オノマトペを言いながらの身体表現
ガラガラシェイカー	コロン	手のひらを下にして両腕を左から右上へすくうように振ったあと，手のひらをグーにして止める。
ギロ	ガリガリ	両手を頬の高さに上げて空（くう）をひっかく。
レインスティック	チュルン	片手で頭髪を上からなでるように動かす。
ウィンドチャイム	チュルン	顔の周りを上から両手でなでるように動かす。
木琴	ペロン	胸の高さで手のひらを下向けにし，両手の甲で下からすくうように前へ押し出す。
木琴	ペロンペロン	耳の高さで片手ずつ手の甲で払うように動かす。
フレクサトーン	エオン	顔の高さで手のひらを閉じながら手前に引く。
フレクサトーン	チュパチュパ	肩の高さで手のひらを閉じながら両ひざを２回曲げる。

参考文献・参考資料

クルト・ザックス／柿木吾郎訳（1998）『楽器の歴史（上）』全音楽譜出版社。

フィリップ・ウィルキンソン／大江聡子訳（2015）『50の名器とアイテムで知る図説楽器の歴史』原書房。

若林忠宏（2010）『まるごと！民族楽器徹底ガイド』ヤマハミュージックエンタテイメントホールディングス。

若林忠宏（2020）『入門 世界の民族楽器』東京堂出版。

若尾裕（1998）『子どもの音楽療法ハンドブック』音楽之友社。

民音音楽博物館 https://museum.min-on.or.jp/ 2024年３月18日閲覧

（古庵晶子）

第4節　手づくり楽器

身近なものを再利用する手づくり楽器は，おもしろい音を出すことができます。手づくり楽器には，既成楽器を真似てつくるものと，音が鳴る仕組みを利用してオリジナルの楽器をつくるものの２種類があります。つくり方としては，いくつかの素材を組み合わせる方法と，空き瓶を打つなど，素材を生かす方法があります。

普段から様々な物に対して「楽器にするならどう使うか」という着眼点を持つことで，アイデアの幅が広がります。それと同時に，「どのようにしたらつくれるか」「保育の場ではどのような使い方ができるのか」についても考えることが必要です。手づくり楽器の素材の代表的なものがペットボトルです。しっかりとした硬さと厚さがある牛乳パックも，よく使用される素材です。粉ミルクの空き缶も素材として使えます（第１章第３節参照）。

シェーカーの封入物には，プラスチックビーズ，小石，どんぐりなどのほか，ストローを細かく切ったもの，クリップ，米や小豆などが使えます【写真５－１】。封入物の素材や分量によって出る音が違うことに気付きましたか？　容器と封入物のそれぞれの素材は，できるだけ質感が似ていないもの同士の方が安定した音になります。【資料５－３】は５歳児を対象にした部分実習の指導案です。

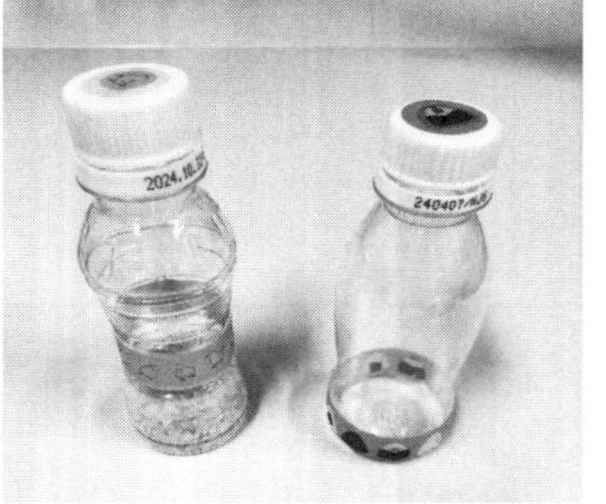

写真５－１　手づくりシェーカー

実際に音遊びの道具として使うことを想定すると，手づくり楽器には，頑丈さと良い音質が必要です。筒状のものは，ラップの芯のような硬さがあって初めて聞こえやすくなります。その他，ポテトチップスの円筒形の空き容器でミニ太鼓をつくる場合，底が紙製のものよりスチール製の方がよく通る音が鳴ります。つまり，子どもが無造作に扱っても壊れにくい頑丈さが，同時に響きのある良い音を生み出すのです。

ワーク５－２　５歳児を対象にチャフチャス，カズー，ミニ太鼓をつくりましょう。

●チャフチャス

材料：ペットボトルキャップ約25個
　　　タグファスナー25本
　　　リボン３～４cm幅を20cm１本

① ペットボトルキャップに４mmの穴をあけます。
② タグファスナーを通して閉じます。
③ リボンにペットボトルキャップを通し，リボンの端と端をつなぎ合わせます。

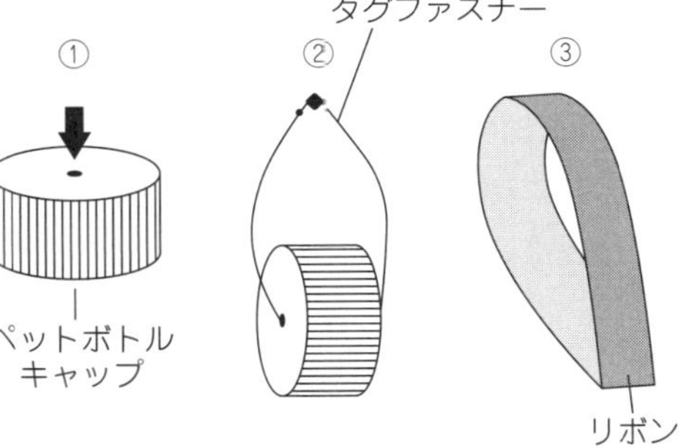

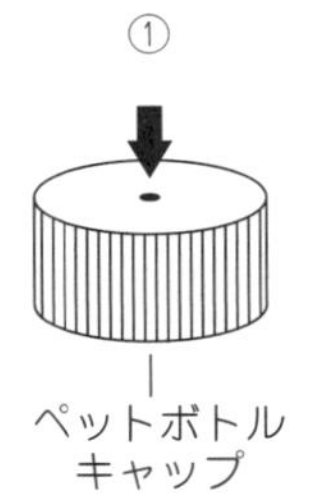
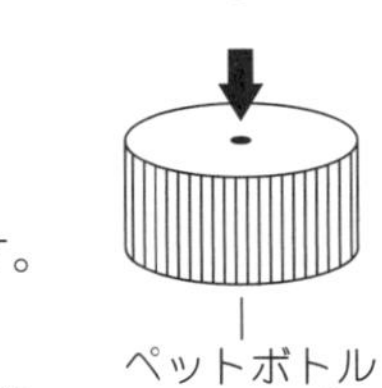

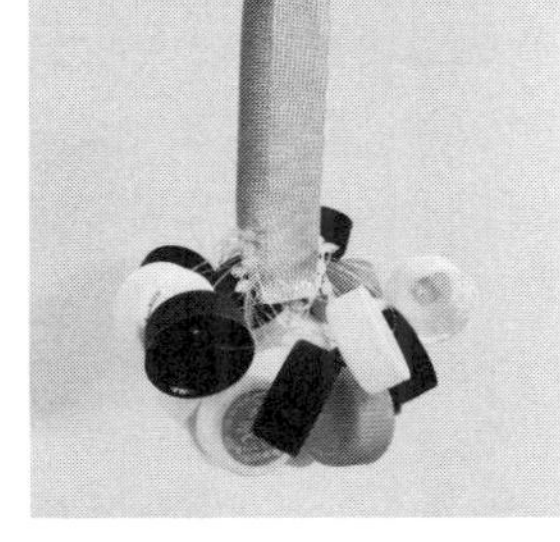
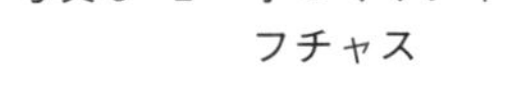

写真５－２　手づくりチャフチャス

●カズー

材料：牛乳パック８cm角１枚
　　　ポリ袋５～６cm角１枚
　　　輪ゴム１本

① 牛乳パックを二つ折りにして，山の部分に切り込みを入れて穴をあけ，さらに四つ折りにします。
② 四つ折りを開いた図です。
③ 折り目を利用して三角柱にしてテープで留めます。
④ ポリ袋を被せて輪ゴムで留める。できるだけピンと張ります。

※市販のカズーは縦にくわえますが，これは横に持って空けた穴に唇を当てて，息でポリ袋を振動させます。

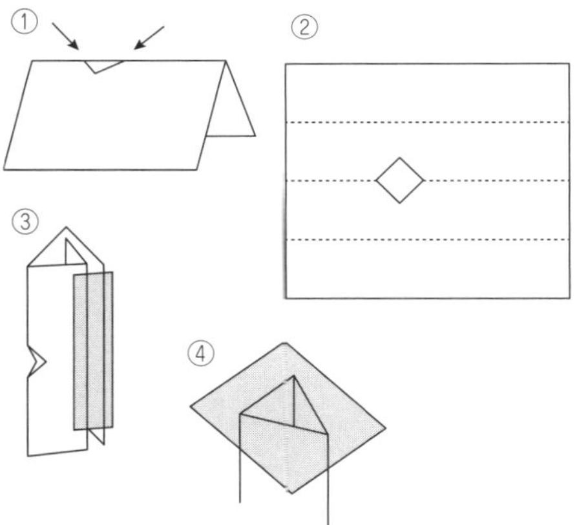

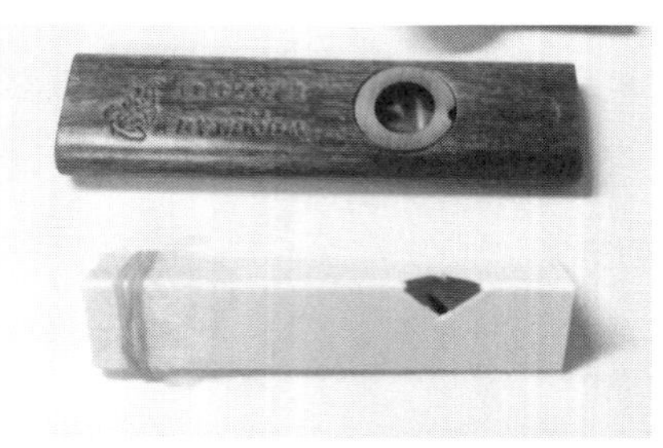

写真５－３　カズー
（下の画像が手づくりしたもの）

●ミニ太鼓

材料：ポテトチップスの円筒型空容器
　　　布ガムテープ

① 布ガムテープ14㎝幅を２等分に割いたものを６本つくります。

② 容器のフタを取り，テープをまず十文字に貼ります。

③ 放射線状にテープを隙間なく貼ります（図は上から見たものです）。

④ コピー用紙を巻きつけて好きな絵を描きます。

⑤ テープを割くのが難しい場合は，剥離紙に布ガムテープを貼ってハサミで２等分にカットします。剥離紙が手に入らない時は，コピー用紙にクラフトテープを貼れば剥離紙の代わりになるので，その上から布ガムテープを貼ります。使用するときに剥がしやすいように，布ガムテープは剥離紙より２ミリずらして貼ると良いでしょう。

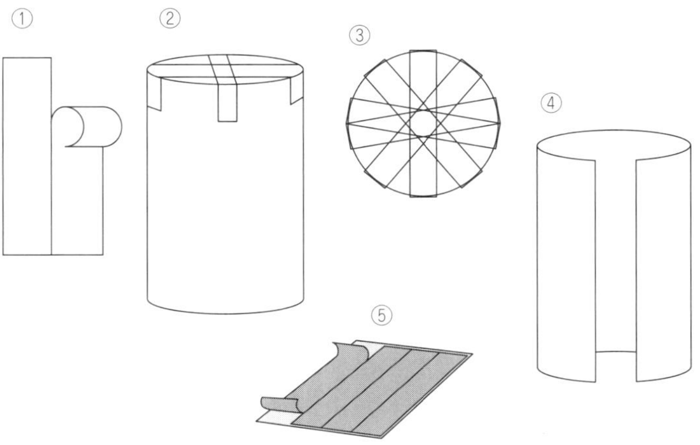

写真５－４　手づくりミニ太鼓

資料５－３　部分実習指導案

実習生氏名 ☆田 ◎香 印

11月18日（金）	クラス：すずらん組５歳児 男児９名　女児11名　計20名	指導担当者氏名 ○山◇子

活動名	どんな音が出るかな？	ねらい	・様々な容器や封入物の組み合わせから出る音を楽しむ。 ・音楽に合わせてリズムよく鳴らせる。

時刻	環境構成	予想される子どもの活動	保育者の援助および配慮
10：00	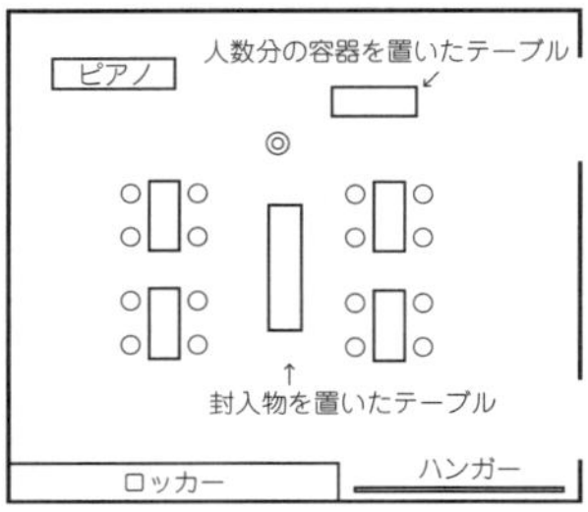 ピアノ 人数分の容器を置いたテーブル 封入物を置いたテーブル ロッカー ハンガー ◎保育者 ○子ども	○歌いながら保育者の周りに集まってくる。 ・「チャチャチャ」で手を叩き、楽しく歌う。	○ピアノで《おもちゃのチャチャチャ》の前奏を弾き始める。 ・子どもが歌いながら寄ってきたら、「チャチャチャ」のところはピアノから手を離して手拍子を打つなどし、子どもたちも手拍子を打つよう誘導する。
10：05		○手遊び《一本指の拍手》をする。 ・「どんな音だと思う？」と保育者に聞かれて、「小さな音」「かわいい音」「楽しい音」など口々に答える。	○《一本指の拍手》の手遊びの中で、「どんな音？」の歌詞のところで、実際に子どもたちにどのような音なのかを問いかける。 ・子どもたちの発言を拾いながら５本指まで歌い通す。
10：15	準備物（各適量） 容器： ・ペットボトル350ml サイズ（フタあり） ・飲料のアルミ缶（フタあり） ・乳酸菌飲料の空き容器（フタあり） 封入物： ・どんぐり（煮沸済み） ・プラスチックビーズ ・ストロー（７ミリに切る） ・小石（角の丸い小粒のもの） ・米 ・パン粉（アレルギーに気を付ける） ・マカロニ（アルファベット） ・その他粒状のもの ペットボトル用漏斗	○手づくりシェーカーをつくる ・保育者の説明を聞く。 ・前の机にある容器から好きなものを選ぶ。 ・中央の机にある封入物から好きなものを選んで入れる。 ○完成したら振って音を出してみて、友達のつくったものと音を比べてみる。 ・「ジャカジャカする」「シャカシャカする」「楽しい音がする」など口々に答える。 ・「ドングリを入れたらゴロゴロする」「ストローを入れたらカラカラする」など口々に答える。	○子どもたちの発言した様々な音を復唱してから、「今日は今みんなが言ったいろんな音を、シェーカーで表現しましょう」と、見本の手づくりシェーカーを見せて、つくり方を説明する。漏斗の説明もする。 ・ケンカにならないように班ごとに取りに行くように声をかける。 ・「出来たら振って音を鳴らしてみようね。どんな音が鳴っているかな？」と声をかける。 ・どの容器に何を入れたらどのような音が出たのか問いかけ、子どもたちの答えを拾い上げ、素材と音の違いが認識できるようにする。
10：35		○《おもちゃのチャチャチャ》を歌いながらシェーカーを振る。	○《おもちゃのチャチャチャ》を歌いながら「チャチャチャ」のところでつくったシェーカーを振るよう説明する。 ・ピアノ伴奏を弾き、再度振りながら歌うように伝える。
10：45		○つくったシェーカーをカバンの中にしまう。	○「今日はいろんな音が鳴ったね。お家でもつくってみてね」と、片づけるように伝える。

参考資料

上畑美佐江のリサイクル楽器ホームページ http://www.fan.hi-ho.ne.jp/uehata/ 2024年７月27日閲覧

kajii のホームページ https://kajii.me/ 2024年７月27日閲覧

（古庵晶子）

コラム５－２　オルフの音楽教育

写真５－５　カール・オルフ
出典：日本オルフ音楽教育研究会（2015）

カール・オルフ（Carl Orff，1895-1982）は，20世紀を代表する作曲家であり，音楽教育家でもあります。オルフはドイツのミュンヘンに生まれ，幼少期から音楽的に恵まれた環境で育ちました。オルフの代表的な作品の一つに，舞台形式カンタータ《カルミナ・ブラーナ》（1937年初演）があります。《カルミナ・ブラーナ》は，メロディーの反復と力強いリズムに特徴があり，合唱のリズムを多くの打楽器で強調させています。

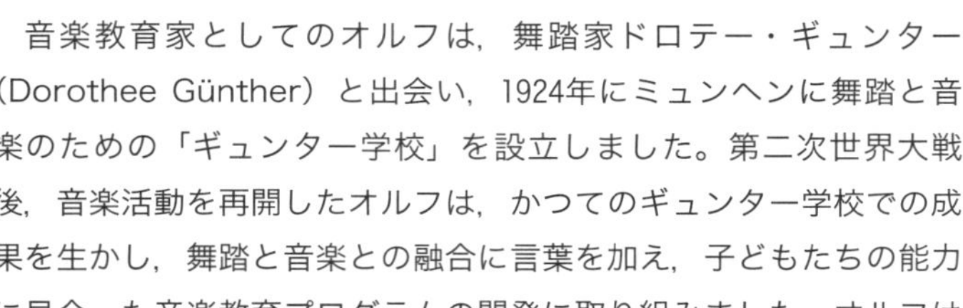

音楽教育家としてのオルフは，舞踏家ドロテー・ギュンター（Dorothee Günther）と出会い，1924年にミュンヘンに舞踏と音楽のための「ギュンター学校」を設立しました。第二次世界大戦後，音楽活動を再開したオルフは，かつてのギュンター学校での成果を生かし，舞踏と音楽との融合に言葉を加え，子どもたちの能力に見合った音楽教育プログラムの開発に取り組みました。オルフは素材やその扱い方を簡素化し，子どもたちにとって自然な音声表現の形式を取り入れました。

これらをまとめたものが1950年から1954年にかけて出版された，全５巻の『オルフ・シュールベルク“子どものための音楽”』です。シュールベルクは世界各地で翻訳され，オルフの音楽教育の理念や方法が全世界に広まりました。

オルフの作品では模倣，問答，即興，オスティナート（持続低音）といった手法や，カノン，ロンドのような形式，ペンタトニック（五音音階）のような音階がよく使用されます。また，オルフは，世界で初めて音楽教育のための楽器群を構想し，「オルフ楽器」と呼ばれる楽器を開発しました。オルフ楽器には，①美しい音色，②平易な奏法，③丈夫さという特徴があります。

オルフのグロッケンやメタロフォン，シロフォンなどの楽器は，平易な演奏を可能にするための工夫がされています。具体的には，音板を取り外せる構造になっており，不要な音板を取り外すことで，正確な演奏が容易になります。これにより，奏者は音板を叩く順序を覚えて演奏できるようになり，複雑な読譜は必要ありません。オルフ楽器は，演奏のために高度な技術を必要とせず，誰もが簡単に演奏できるように工夫されています。

ここではオルフ楽器の代表的なシロフォンの写真を載せておきます。音板を外したものの写真を見ることで，その構造や演奏のしやすさが想像できるでしょう【写真５－６】【写真５－７】。

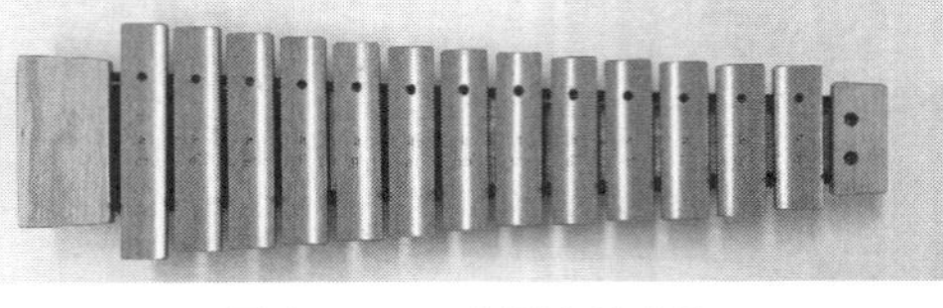

写真５－６　音板を外す前

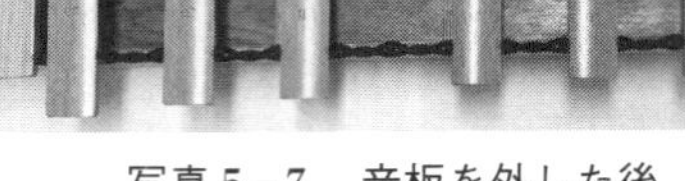

写真５－７　音板を外した後

1962年，67歳で来日したオルフは，日本の音楽教育に大きな示唆を与えました。オルフの音楽教育はドイツ語を出発点とするものですが，内容には普遍性や汎用性があります。私たちも，オルフの音楽教育の手法や教材を活用することで，演奏技術や表現力といった，子どもたちの可能性を広げることに大いに役立てていきたいものです。

引用・参考文献

下中弘（1996）『音楽大事典　第１巻』平凡社。

柴田南雄・遠山一行（1993）『ニューグローヴ世界音楽大事典　第４巻』講談社。

日本オルフ音楽教育研究会（2015）『オルフ・シュールヴェルクの研究と実践』朝日出版社。

星野圭朗（2018）『オルフ・シュールベルク理論とその実際――日本語を出発点として』全音楽譜出版社。

宮崎幸次（2013）『新装版　カール・オルフの音楽教育――楽しみはアンサンブルから』スタイルノート。

（井越尚美）

---

memo

第6章

総合的表現

子どもたちの音楽表現は，身体表現や造形表現などと密接に関わっています。これまでも，日常の保育の中の様々な表現が合わさった事例を述べてきました。この章では，表現活動の総まとめとして生活発表会を取り上げます。日常の保育活動を生活発表会につなげていった実践例，また劇遊びの実践例や，それを支援する保育者の音楽の用い方について，具体的に見ていきましょう。

幼稚園教育要領解説の領域「言葉」に関する「内容」（９）では，「教師や友達と共に様々な絵本や物語，紙芝居などに親しむ中で，幼児は新たな世界に興味や関心を広げていく。絵本や物語，紙芝居などを読み聞かせることは，現実には自分の生活している世界しか知らない幼児にとって，様々なことを想像する楽しみと出会うことになる。登場人物になりきることなどにより，自分の未知の世界に出会うことができ，想像上の世界に思いを巡らすこともできる」と書かれています（p.223）。

言葉の習得過程にある子どもは，様々な情報を取り込んで的確に整理する段階には至っていません。そのような子どもにとって，体験はとても重要です。体験することによって，自らの置かれた状況を実感することができるのです。そして，限られた人間関係や環境の中で生活している幼い子どもは，自らの周囲で体験したものごとしか，わかりません。このような子どもにとって，お話を聞くことは，自分の周りには存在しない未知の世界を知り，他者の気持ちを想像するきっかけとなるでしょう。特に，絵本や紙芝居の読み聞かせは，絵から喚起されるイメージと言葉の両面から子どもたちの感性に働きかけます。さらに，お話の中の登場人物を演じて体験することにより，登場人物の気持ちや状況について，一層理解を深めることができるのです。

（佐野仁美）

第１節　日常の保育活動から生活発表会へ
――「お祭り」を主題にして――

第２章【事例２-２】では，５歳児の運動会の《よっちょれ》が３歳児の「お祭りごっこ」へ広がる様子を述べました（本書，pp.31-33）。「お祭り」は子どもたちが大好きな行事で，日本の楽器を用いたお囃子が演奏されたり，皆で踊ったりします。日本の伝統文化に触れるという意味でも，子どもたちに相応しい題材と言えるでしょう。

その一方で，子どもたちの遊びは日々変化していきます。例えば，雨が降った後に出現した水たまりのような身の回りの自然に驚き，園庭で見つけたダンゴムシやカエルなどの生き物に触発されて，遊びがどんどん変化していくのです。これまで述べてきたように，保育者は，子どもが何に興味をもっているかをキャッチして，遊びが発展するきっかけをつくり，環境を整えることが大事です。それは，毎日子どもたちと接している保育者だからこそ，可能なのです。本節では，どのように子どもたちの興味が総合的な表現活動に広がっていったのかを述べ，「日本文化への関心」という観点から５歳児の忍者祭りへの発展を，「地域との連携」の観点から４歳児の取り組みを，「小学校への接続」の観点から５歳児の実践を紹介します。

1.1　日本文化への関心

【事例６-１】では，５歳児を対象に，日本の物語に登場する忍者への憧れと，お祭りの体験をもとに，「忍者祭り」の題材が設定されました。保育者は子どもたちの興味を知り，忍者がどのようなものかを問いかけ，想像させてから，「忍者からの手紙（巻物）を届ける」という仕掛けを考え，子どもたちはそれに応えて修業するという設定のもと，楽しい活動を繰り広げていきました。忍者への思いを言葉にして，皆で唱えているうちに，《忍者音頭》ができ，太鼓のドンドンドンという音に触発された子どもから，合いの手の掛け声が自然に発せられていきました。動きをつけながら歌ってポーズを決めるなど，日本語の言葉やリズムに則り，子どもなりのお祭りの表現が出てきたと言えるでしょう。それは，歌や楽器，踊りだけでなく，お面や忍者の食べ物，飾りや巻物といった子どもたちがお祭りの活動に入り込むための製作も含まれた，総合的な表現の中でつくられていったのです。

事例６-１　５歳児の「忍者祭り」の実践

保育者が運動会の練習で，「その飛び方，忍者みたいでかっこいいね」と声をかけたところ，子どもたちが「にん！」と答えて，ポーズをつけました。保育者は，忍者が速く走ることを伝えると，忍者に憧れていた全員が手裏剣をつくり，忍者修業をしているつもりになって，走ったり，飛んだりする練習に励んでいました。

その後，子どもたちは，物語の中でお祭りに興味を持ち，神社へ見学に出かけました。また，３歳児のお祭りごっこを見て，「自分たちもしたいなあ」という気持ちになっていました。自分たちの《よっちょれ》踊りに影響された３歳児の楽しい活動が，心に響いたようです。その様子を見た保育者が，巻物にした忍者からの手紙を届けたところ，子どもたちから「忍者にお祭りに入ってもらおう！」という声が上がりました。保育者が「そのために何をする？」と問いかけると，子どもたちから，「忍者のお面が要る」「屋台が要る」「忍者のご飯をつくる」「《忍者音頭》をつくりたい」というアイデアが出てきました。

それから《忍者音頭》づくりが始まりました。段ボールやお鍋を太鼓に見立て，「ドン・ドン｜ドン𝄽｜ドド・ンガ｜ドン𝄽」（♩ ♩ ｜ ♩ 𝄽 ｜ ♪ ♩ ♪ ｜ ♩ 𝄽）というリズムや，ドンドンドンドンと打ったりしていました。保育者と子どもたちが，「刀を抜いて（あそぼうよ）にしたら？」というようなやり取りをしながら，皆で歌詞をつくり，自然に覚えていきました。

そして，「忍者のご飯はおいしいよ（アソレー）見習い忍者はなかよしだ（アソレー）忍者はどこから来るのかな（ヨイシャー）刀を抜いて遊ぼうよ（ヨイシャー）〔以上のフレーズを３回ずつ繰り返す〕よい子のポーズを見ていてね（ヤー）忍者さん，いつでも遊びに来てね」という《忍者音頭》ができ上がり，ポーズも考えました。全員が太鼓を叩く経験をしてから，グループで１人を太鼓役に決めて，他の子どもたちは全員で円になり，《忍者音頭》を歌って踊ることになりました。「忍者祭り」の時間になると，子どもたちは忍者のご飯をつくり，自作のお面を着用して《忍者音頭》を踊り，保育者に忍者からの巻物を読んでもらって楽しみました【写真６－１】。

子どもたちの忍者への思いはやまず，生活発表会にまでつながっていきます。生活発表会では「にん・にん｜にん𝄽｜にに・んが｜にん𝄽」（♩ ♩ ｜ ♩ 𝄽 ｜ ♪ ♩ ♪ ｜ ♩ 𝄽）というリズムにのって練り歩きました。そして，忍者からの巻物の指示に従い，「跳ぶ」活動などの修業をクリアしていった子どもたちは，全員が忍者になることができ，とても満足していました【写真６－２】。

写真６－１　忍者祭りの環境づくり

写真６－２　生活発表会に現れた忍者たち

（千田菜緒・柳田沙梨奈）

1.2　地域連携の観点から

幼稚園教育要領解説では，領域「環境」の「内容」（６）「日常生活の中で，我が国や地域社会における様々な文化や伝統に親しむ」について，「例えば地域の祭りに合わせて，地域の人が幼稚園で太鼓のたたき方を見せてくれる機会をつくるなど，地域の人々との関わりを通して，自分たちの住む地域に親しみを感じたりすることが大切である」と述べられています（p.200）。

日本の文化というと，高度な芸術文化に目を向けがちですが，実は私たちの周りにもたくさん存在しています。例えば，お祭りは，お神輿や踊り手など，地域の人々によって担われています。幼い頃から地域に目を向け，人々の暮らしや文化に親しむことは自らのアイデンティティの形成のためにも重要です。お祭りを見たり，参加したり，お祭りを支えている人たちのお話を聞いたりする体験は，子どもたちに強い印象を与えることでしょう。また，高齢化が進む時代に，子どものうちから地域の文化に親しむことは，それを次世代につないでいくという意味も持ちます。【事例６－２】に，お神輿を見学した子どもたちが「お祭りごっこ」を楽しむ実践を挙げましょう。

コロナ禍で中断され，お祭りがどのようなものか知らない子どもが増加している中，神社で実際にお神輿を担ぐ体験をしたことや，絵本でお囃子や出店を見たことは，お祭りへの理解の一助になりました。自分たちの住んでいる地域を知ること，遊びの中で日本の伝統を体験できたことは，日本の文化の特徴を感じ取るとともに，伝統行事を次の世代に伝えていくという二重の意味で意義深いと言えるでしょう。

子どもたちにとって，この体験は印象深く，「にじうおさま」への愛着を持ち続けた結果，２月の生活発表会には，お神輿が再度登場しました。

事例６－２　**４歳児の「お祭りごっこ」の実践**

４歳児では，空き箱を使った製作の経験から，自由遊びでボーリング，輪投げなどの遊びが生まれていました。また５歳児クラスのお店屋さんごっこを真似て，クリームやいちごをのせたケーキやマカロンづくりのように，細かい工夫をした製作をするようになりました。保育者が絵本『10ぴきのかえるのあきまつり』を読み聞かせましたが，ほとんどの子どもたちはコロナ禍でお祭りが中止になり，お神輿を知らない様子でした。

作：間所ひさこ，絵：仲川道子，PHP研究所，2010

その後，近くの神社へお神輿を見せてもらいに行きました。神主から「お祭りでお神輿に神様をのせて練り歩く」という説明を聞き，金色に光るお神輿に感動し，装飾品に触れ，お神輿を担ぐ体験もしました。

園に戻った子どもたちは，さっそくお神輿の製作にかかりました。絵本『にじいろのさかな』をヒントにして，１人ずつうろこを透明なフィルムに油性のペンで色を塗って，鳳凰に代わる神様をつくり，「にじうおさま」と名付けました。「にじうおさま」を屋根の上にのせ，神社で拾ったまつぼっくりをつけて，お神輿が完成しました。

「お神輿を見て，お店を出したら楽しいね」という声が上がり，ケーキ屋さんや輪投げなどの屋台を出店して，「お祭りごっこ」をすることになりました。前の週の芋掘り体験をもとに，焼き芋

作・絵：マーカス・フィスター，訳：谷川俊太郎，講談社，1995

屋さんも加わりました。神社で大きな金の太鼓を見たことより，「持ち運びのできる楽器があったらいいのかも」という意見が出て，笛や持ち運びのできる太鼓をつくることになりました。「何を使う？」と材料を考え，紙筒でバチをつくり，水遊びのタライ，机や床をたたいて，太鼓らしい音を探しました。

「お祭りごっこ」では，出店のスペースの間をぬって，「にじうおさま」をのせたお神輿が練り歩き，子どもたちは，自分たちで考えた「ワッショイ　ドンドン」「ワッショイ　ワッショイ」という掛け声に合わせて，太鼓を打って楽しみました【写真6－3】【写真6－4】。

写真6－3　お神輿の練り歩き

写真6－4　お囃子に合わせて太鼓を打つ子ども

（久保真美・縄間渚・中島祐菜）

1.3　小学校への接続

京都の祇園祭や大阪の天神祭など，各地で様々なお祭りがあり，それぞれ踊りやお囃子，楽器も異なります。このように，お祭りは本来地域ごとに伝わってきましたが，他方，第2章で触れた「よさこいソーラン祭り」のように，高知県の「よさこい祭り」と北海道の「ソーラン節」を融合させたお祭りも新たに生まれて，全国的に人気を博しています。地域のお祭りや文化を継承する活動とともに，情報化の進んだ現在では，新しく創成されたお祭りや様々な地域のお祭りを知って体験することも，日本文化への理解を深めるために相応しい活動でしょう。

幼稚園教育要領解説第1章第2節「幼児期の終わりまでに育ってほしい姿」（5）「社会生活との関わり」の解説には，「教師は幼児の関心に応じて，絵本や図鑑や写真，新聞やインターネットで検索した情報，地域の掲示板から得られた情報などを，遊びに取り入れやすいように見やすく保育室に設定するなどの工夫をし，幼児の情報との出会いをつくっていく。その際，家族から聞いたり自分で見付けたりするなど幼児なりに調べたことを加えたり，遊びの経過やそこで発見したことなどを，幼児が関わりながら掲示する機会をもったりすることも考えられる」と書かれています（p.63）。関心をもった事柄についての情報を得るために，子ども自身が調べ，皆の前で発表して教え合うことは重要な経験です。保育者は，調べ方や発表の方法を示し，うまく話せない子どもを支援しましょう。主体的に情報を得る態度を養うことは，小学校の学びにつながっていきます。

【事例６−３】は，「お祭り調べ」からエイサーの踊りに発展した実践です。最初は何となく踊りを知っているだけの活動でしたが，学習して改めてどのような踊りなのかを知り，地区や土地によって踊り方が違うことも分かりました。子どもたちは踊りの楽しさを知り，沖縄という地域にも関心が芽生えました。お祭りは，本来地域に結びついた活動ですが，この活動は地域性を超えて，多様な日本文化があることを理解するきっかけとなりました。

（佐野仁美）

事例６−３　**５歳児のエイサーの実践**

運動会の《よっちょれ》で盛り上がった子どもたちは，クラスで一つのことに取り組む楽しさや達成感を感じていました。３歳児の「お祭り遊び」で踊る子どもに刺激されて，《よっちょれ》に意識が戻り，鳴子をもち，リズムに合わせて踊りを楽しんでいました。それを見た保育者は，《よっちょれ》が「よさこい祭り」の一部であることを説明し，「他にも日本のお祭りで楽しい踊りがあるかもしれないので，お家で調べてこようか？」と提案しました。子どもたちは，保護者に手伝ってもらい，調べてきたことを書いた紙を読み，発表しました。地域のお祭りや行事の他，「テレビで見た阿波踊りの男踊りや女踊りを見たよ」「山形花笠踊りを見た」などの報告がありました。日本にはいろいろなお祭りの踊りがあり，住んでいる地域にもお祭りや踊りがあることを学び合いました【写真６−５】。

その後，お祭りごとに紙を模造紙に貼りましたが，文字だけではイメージがつきにくいという問題がありました。調べた踊りを映像で見て，皆で話し合った結果，「おもしろそう」「踊ってみたい」という意見が出たエイサーを踊ることになりました。子どもたちは太鼓が気になり，「あの太鼓は？」「パーランクーというねんで，あれもって踊るねんで」「どうする？」「つくったらいいやん」のように意見を交わしました。保育者の発案で，保護者に丸く切ってもらった段ボール５枚とドーナツ型に切った段ボールをボンドで貼り，子どもはその上に白い紙を貼りました。固い布の芯をバチに用い，もち手に青いテープを貼り，白い紙の部分に絵を描きました。パーランクーをつくったことにより，子どもたちは，エイサーを踊ることがさらに楽しみになりました。

エイサーに詳しい保育者に踊りを教えてもらうことになり，「手をしっかり伸ばすこと」「腰をリズムにのって動かすこと」を意識して，最初は楽器をもたずに踊った後，バチをもって《遊び庭（あしびなー）》を練習しました。パーランクーをもつとテンションが上がり，子どもたちから，「楽しかった」という声が上がりました。独特の動きで踊るエイサーですが，子どもたちは踊りを楽しみ，パーランクーで拍を取りながら，全身を使い，体でリズムを感じて踊ることの楽しさや心地よさ，達成感を味わっていました【写真６-６】【写真６-７】。

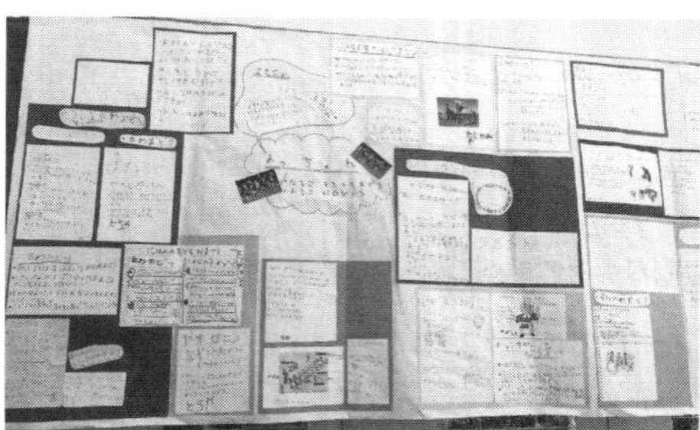

写真６-５　お祭り調べ

写真６-６　エイサーを踊る子どもたち

写真６-７　子どもたちがつくった
パーランクー

（永金里英）

第２節　ストーリーに合わせた音・音楽のつくり方

ストーリーの中の音楽の役割には情景描写，心情描写，場面描写などがあります。

情景描写では，雰囲気を表現するので，必ずしも実際の音の再現でなくても情景のイメージが膨らむように，音や音楽を効果的に使いましょう。

心情描写では，登場者の心情に合う曲調の BGM を使います。歌詞をもつ曲は，意味が限定されがちですので，器楽曲の方が利用しやすいでしょう。

場面描写では，ナレーションやセリフ，ストーリーの流れを意識して，音や音楽を入れるタイミングや，曲の長さなどを考慮して，イメージに合った演奏の方法を考えましょう。

2.1　打楽器の効果的な使い方

ストーリーのイメージがより伝わるように，効果音を入れて表現することがあります。打楽器の使い方の例としては，オーシャンドラムを揺らして波の音を表現することにより，聴いている人は海辺のシーンを想像することができるでしょう。その他にも，大太鼓の連打によってゾウの足音を表現したり，ウィンドチャイムで魔法をかける場面を表現したりすることができます。【表６-１】に，ストーリーに合わせた打楽器の効果的な使い方を挙げています。情景をイメージしながら，強弱や，打ち方などを工夫してみましょう。

表６-１　楽器の奏法とその効果

楽器名	楽器の写真	奏法と効果
シンバル		・打ち合わせる：何かが激しくぶつかる音 ・響かないように擦る：鍋やフライパンの蓋の開閉 ・大太鼓用マレットで柔らかく打つ：煙や湯気がふわっとあがる
フィンガーシンバル（第５章 第３節【表５-１】参照）		・打つ：クイズの答えを考えるタイムアップの音，電子レンジ終了音（チン），何かが一瞬キラリと光る様子

楽器名	楽器の写真	奏法と効果
銅鑼		・柔らかく打つ：びっくりした様子 ・少し強めに打つ：王様の登場，何かに激突する，爆発する
ウッドブロック		・打つ：時間の経過を示す，クイズの答えを考える時間，小人や子犬など小さな生き物が滑稽に歩く様子，トコトコ歩く様子
拍子木／クラベス （写真はクラベス）		・打ち合わせる：始まりや終わりの合図（場面の切り替え），木槌を打つ音

＊上記の他に，第５章第３節【表５-１】に挙げられている楽器なども使うことができます。

参考文献

岩宮眞一郎（2020）『音と音楽の科学』技術評論社。

（古庵晶子）

2.2　鍵盤楽器の効果的な使い方

鍵盤楽器を用いて，情景や場面を効果的に表現することができます。その奏法には，トリルや装飾音，アルペジオ，グリッサンド，クラスターなどがあります。打楽器とは異なり，鍵盤楽器は１人で広い音域を演奏することが可能です。一般的に高い音域では，小さいもの，細かいもの，輝くイメージを表現し，低い音域を用いると，大きなもの，恐ろしいもの，重いイメージを表現することができるでしょう。高音域で軽くはずむように演奏したり，低音域でゆっくりと強い音で表現したりすると，そのイメージがさらに強調されるのではないでしょうか。

例えば，高音域でのトリルや装飾音を用いると，森の中のリスなどの小動物の動きを表現することができ，低音域のクラスターを用いると，オオカミのような怖い動物や何か大きなものにぶつかった衝撃音を表現することができます。グリッサンドは様々な場面に使われやすい奏法ですが，多用を避け，効果的に用いましょう。以下の譜例は，劇遊びによく使われる場面を鍵盤楽器で表したものです。これを参考にして，情景に合うように音域や強弱などを変化させて工夫を加えてみてください。

譜例６－１　トリル

（小鳥のさえずり，こっそり逃げ出す様子）

譜例６－２　装飾音

（軽く飛び跳ねるリス，鈴のようなかわいらしい音）

譜例６－３　アルペジオ

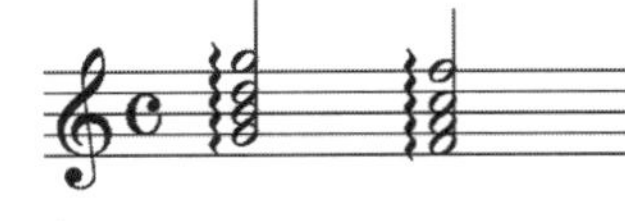

（波が押し寄せる音，華やかな幕開けの場面）

譜例６－４　グリッサンド

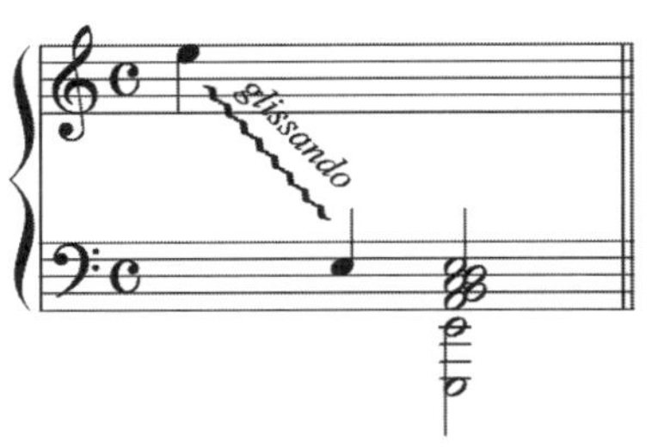

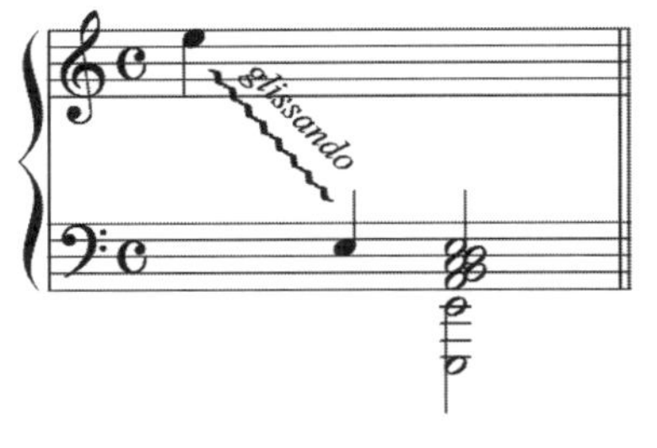

（駆け足で逃げる場面，場面転換の合図）

譜例６－５　クラスター

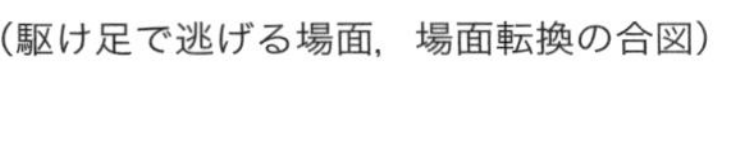

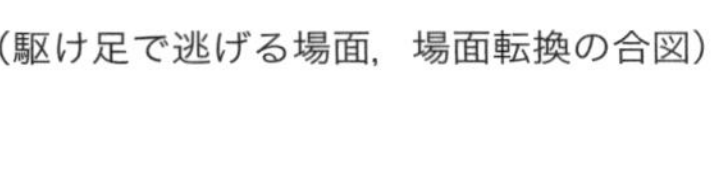

（物が壊れる音，恐ろしい怪獣が出てくる場面）

譜例６－６　増三和音

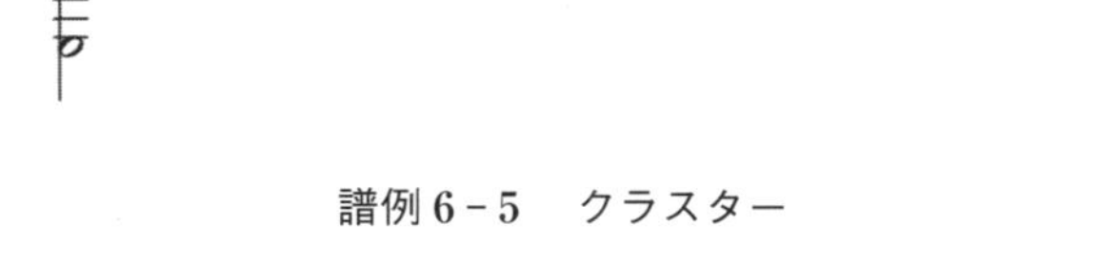

（不思議なことが起こる場面，夢の世界に入った場面）

2.3　BGM に使えるフレーズ

劇遊びでは，効果音よりも少し長く情景を表現したり，ストーリーの行間をうめたり，またナレーションの BGM としても音楽が使われたりします。物語によく出てくるような場面の音楽を，以下の譜例に挙げました。ここに挙げた場面は一例ですので，応用してみてください。

劇の音楽では，子どもたちの動きに合わせることが前提となります。楽譜は何度でも繰り返し演奏できますので，子どもたちの様子を見ながら，長さを調整するなど工夫して使ってください。劇をリズミカルにテンポよく進めていくためには，音楽に合わせた自然な動きが重要です。保育者は子どもたちの動きを感じ取り，音の強弱やテンポをアレンジしてみましょう。

譜例６－７　穏やかな朝の風景，静かな森の中に入った場面

譜例６－８　春の日差しがさしこむ風景，温かい笑顔があふれる場面

譜例６－９　明るく前向きな気分，楽しくおでかけする場面

譜例６－10　怖いものが近づく感じ，どこかで大変なことが起こっている場面

譜例６–11　風が強く吹き不安な予感，雨が降ってきそうな場面

Allegretto ♩= 112

譜例６–12　仲良しの友達とお話，皆で一緒に踊る場面

譜例６–13　劇中の子どもの入場，退場の場面

譜例６–14　魔法にかかったおじいさんやおばあさん，夢から覚めた場面

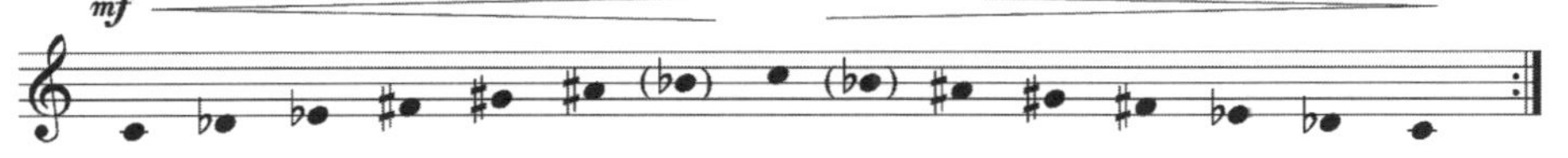

譜例６–15　ハチが次から次へと追いかけてくる，迫ってくる敵をやっつける場面

譜例 6 -16　馬が向こうからかけてくる，足並みをそろえてドンドン進んでいく場面

譜例 6 -17　ウサギが跳びながらやってくる，カエルがあちこちで跳ねている場面

このように，しぐさや様子を音で表現することで，子どもたちは動物たちを擬人化し，次第に親しみをもつようになります。日常の保育活動の中でも，子どもたちがイメージできるように工夫してみましょう。例えば，声を合わせて歌う場合に，「としよりロバさんが困ったときにうたう歌です」などと子どもに語りかけ，ストーリーが自然とイメージできるようにしてみましょう。さらに，子どもの動きに合わせて音楽を構成することができれば，日常の保育活動の延長として生活発表会へとつながっていくでしょう。

（田中幹子・小畑郁男）

巻末資料

巻末資料１　音楽と身体の動きのワーク

音楽を特徴付けている要素のうち，①拍・拍子，②強弱と速度，③リズム，④フレーズ，についてのワークを通して，音楽と身体の動きの関連を体験しましょう。

① 拍（ビート）・拍子

ワーク1　2拍子と3拍子を経験しましょう

メトロノームを♩＝80に合わせて鳴らしてみましょう。

次に，この拍の流れに合わせて歩いてみましょう。１・２｜１・２｜右足・左足｜右足・左足…二つの拍のサイクルが繰り返されますね。これは「２拍子」です。

次に手拍子を入れましょう。同じようにメトロノームに合わせて，手拍子・右足・左足｜手拍子・右足・左足 … のサイクルを繰り返してみましょう。これは「３拍子」です。このように，連続する拍の流れに一定の周期が生じることを「拍子」と言います。

ワーク2　拍を感じてタッチしましょう

拍を感じる活動です。乳児は保育者が抱っこして活動し，１人で座ることのできる幼児は，保育者と向かい合って座りましょう。

《てんとうむし》を歌いながら，４分音符に合わせて人さし指で保育者が子どもの身体にやさしく触れましょう。音楽と一体になる感覚を養います。速くしたり（♩＝108〜126），遅くしたりと（♩＝54〜63），テンポを変えてもよいですね。○○の箇所は，「おなかに」「あたまに」「せなかに」などに変えながら，身体のいろいろな部分にやさしく触れてください。年齢の高い幼児は４分音符に合わせて歩きながら，「つくえに」「ピアノに」など音楽に合わせていろいろな箇所にタッチしましょう。

《てんとうむし》

作詞・作曲：山岸多恵

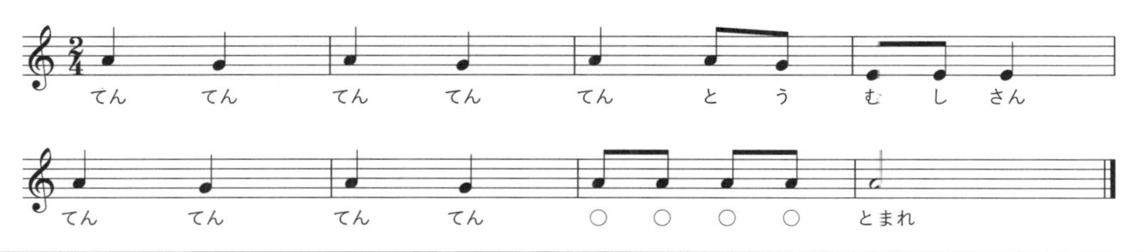

ワーク3　拍を感じて歩きましょう

《おさんぽしましょう》の音楽に合わせて，初めは4分音符で歩きます。1番はゾウ，2番はカンガルー，3番はリスをイメージしています。それぞれの動物をイメージして音楽に合わせて動きましょう。リピートの箇所は繰り返しを増やすなど，適宜，子どもの様子を見ながら活動してください。

「シュ～」の箇所は，年齢の高い幼児は，ゾウの鼻やカンガルーのポケットを身体で表現するなど，それぞれの動物の模倣をしましょう。低年齢児は保育者が抱っこして，ゾウの長い鼻をイメージしてすべらせる（高い→低い）こともできますね。また，お母さんカンガルーのおなかのポケットに子どもを入れる動作をイメージするなど，保育者とのスキンシップも大切にしてください。ピアノなどの鍵盤楽器は，鍵盤を滑らせる奏法（グリッサンド glissando：本書，p.115）で演奏します。歌詞「きょうもとってもいいきもち」の箇所は，六つ手拍子した後に，ポーズを決めます。ネズミ，ウサギ，サル，カバなど特徴のある動物などでも表現してみましょう。

《おさんぽしましょう》

作詞・作曲：山岸多恵

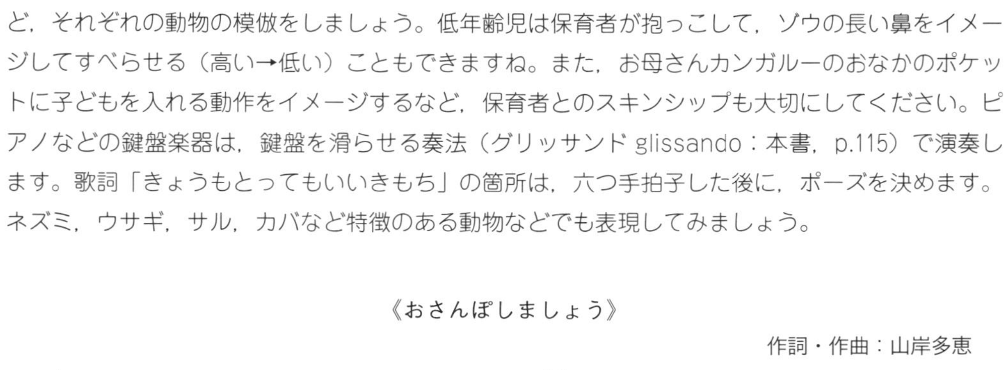

カンガルー
C
G7
G(4分音符でジャンプしましょう)
2.いっ しょ に お さ ん ぽ
で か け ま しょう
ピョン ピョン ピョン
ピョン ピョン ピョン
(手 手 手 手 手 手)(ポーズ)
G
G7
C
お な か の ふ く ろ に
シュ〜
きょ う も とっ て も
い い き も ち
リス
C
G7
G (8分音符で走りましょう)
3.いっ しょ に お さ ん ぽ
で か け ま しょう
カ リ カ リ カ リ カ リ
カ リ カ リ カ リ カ リ
(手 手 手 手 手 手)
(ポーズ)
G
G7
C
ふ わ ふ わ しっ ぽ を
シュ〜
きょ う も とっ て も
い い き も ち

ワーク4　いろいろな拍子を感じてみましょう

音楽を聴き，拍子に合わせて，手拍子・歩く・揺れる・ステップなどの活動をして，様々な拍子の違いを感じ取りましょう。

ステップ１：保育者は言葉を唱えながら言葉の音の数だけ手を打ちます。

例えば，「バ・ラ」（手を２回打つ），「サ・ク・ラ」（手を３回打つ）など，子どもは，保育者→（子ども）→保育者→（子ども）の順で，保育者の真似をします。

次に，《くまのなかま》の２拍子，３拍子，４拍子を歌いながら，手拍子を打って，やりとりをしてみましょう。

ステップ２：友達，または保育者と２人組で向かい合い，２拍子は（手拍子・手合わせ），３拍子は（手拍子・手合わせ・手合わせ），４拍子は（手拍子・手合わせ・手合わせ・手合わせ）を，《くまのなかま》の音楽に合わせて打ってみましょう。

ステップ３：音楽に合わせて，歩く活動と手拍子を組み合わせてみましょう。

２拍子は，（右足・左足）→（手拍子・手拍子）［以下，（足）（手）と表記する］の繰り返し，３拍子は，（足・足・足）→（手・手・手）の繰り返し，４拍子は，（足・足・足・足）→（手・手・手・手）の繰り返し，６拍子も同様です。

※花（バラ，サクラ，ヒマワリ）や，果物（ナシ，リンゴ，オレンジ），動物など，２文字・３文字・４文字の知っている言葉に置き換えて活動するのもよいでしょう。

《くまのなかま》

作詞・作曲：山岸多恵

♩≒84～108　２拍子

C　G7　C　G7

C　Dm

く　ま　（く　ま）　く　ま　（く　ま）

Em　F　G7　C

1　2　（1　2）　く　ま　（く　ま）

3拍子（2拍子の例を参考にして活動してください）

C　　　　　　Dm

ひ　ぐ　ま　（ひ　ぐ　ま）　ひ　ぐ　ま　（ひ　ぐ　ま）

Em　　　F　　　G7　　　C

1　2　3　（1　2　3）　ひ　ぐ　ま　（ひ　ぐ　ま）

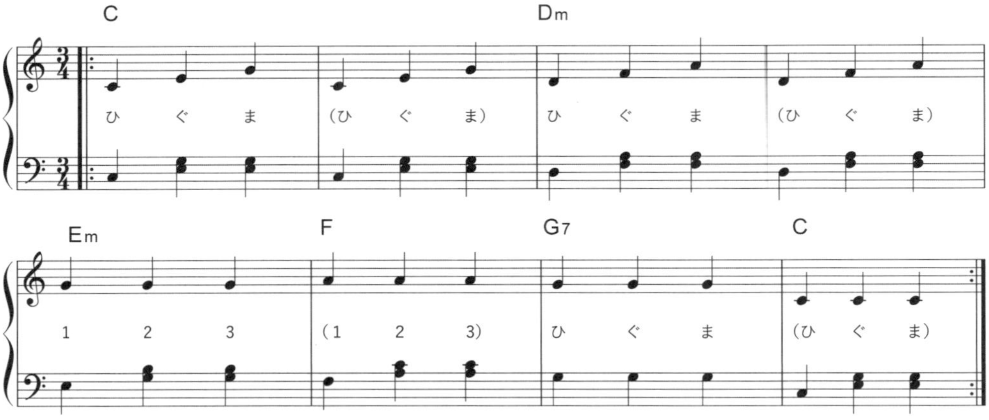

4拍子（2拍子の例を参考にして活動してください）

C　　　　　　Dm

し　ろ　く　ま　（し　ろ　く　ま）　し　ろ　く　ま　（し　ろ　く　ま）

Em　　　F　　　G7　　　C

1　2　3　4　（1　2　3　4）　し　ろ　く　ま　（し　ろ　く　ま）

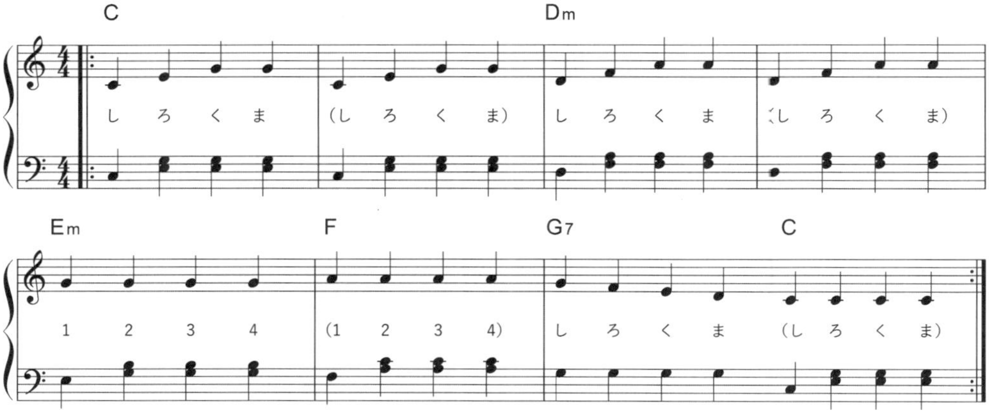

② 強弱と速度

ワーク5　ダイナミクスを感じ取ろう

強弱は，音楽のニュアンスを生み出す重要な要素の一つです。《めざせ忍者！》のⒸの部分では，少し肩をすくめてそーっと歩きますね。Ⓔの部分では，かいじゅうなどに変身してドッシン，ドッシンと胸を張って大股で歩いてみましょう。Ⓒの忍び足の弱い部分では，しゃがんで身体を小さくしたり，Ⓔの強い部分では，背伸びをして手を大きく広げたりと，身体も大きく見えるような表現になりますね。

子どもの様子を見ながら適宜繰り返してください。Ⓐ～Ⓔの演奏順序は自由です（例：前奏→Ⓑ→Ⓐ→Ⓒ→後奏など)。「音楽が止まったら動きも止まりましょう」「静かにそっと歩きましょう」などの保育者の言葉かけがなくても音楽を聴いて反応できるとよいですね。

《めざせ忍者！》

作詞・作曲：山岸多恵

♩≒120～138

A　＊4分音符に合わせて手裏剣を投げる真似をしましょう（この音楽がきこえたら手裏剣の術！）

B　＊忍者になって走りましょう（この音楽がきこえたら忍者走り！）

C
＊2分音符に合わせて、抜き足差し足忍び足で静かにそっと歩きましょう（この音楽がきこえたら忍び足！）
p
＊水に潜って泳ぎましょう（この音楽がきこえたら水遁の術！）
D
8va
pp
Ped.
E
＊力強く歩きましょう（この音楽がきこえたら変身の術！）
ff
8va
rubato（自由に）
ニン！（ポーズ）
セリフ：忍者修行、みな合格じゃ！

ワーク6　速度の違いを比較しましょう

子どもの好きな乗り物に乗っているイメージで，速さの違いを体験する活動です。《のりものだいすき！》の第18小節は，活動する子どもの好きな乗り物の名前を入れてください。第９-12小節では，活動に合わせて「どんな景色が見えるかな」などの言葉かけをしてください。乗り物を新幹線やジェットコースターに変えて速い音楽で活動する，または特急電車（速い）と各駅停車（遅い）など，音楽と動きの融合を図りながら，テンポの違いを比較しましょう。

例えば，保育者が第12小節で「急ブレーキ！」と，声をかけて音楽を止めると，子どもの動きも止まるという活動も入れてみましょう。リトミックでは，音楽に合わせて即時に反応する「即時反応」というアプローチがあります。集中して音楽を聴くことにより，表現力やリズム感はもちろんのこと，集中力や判断力も養うことが期待できます。

《のりものだいすき！》

作詞・作曲：山岸多恵

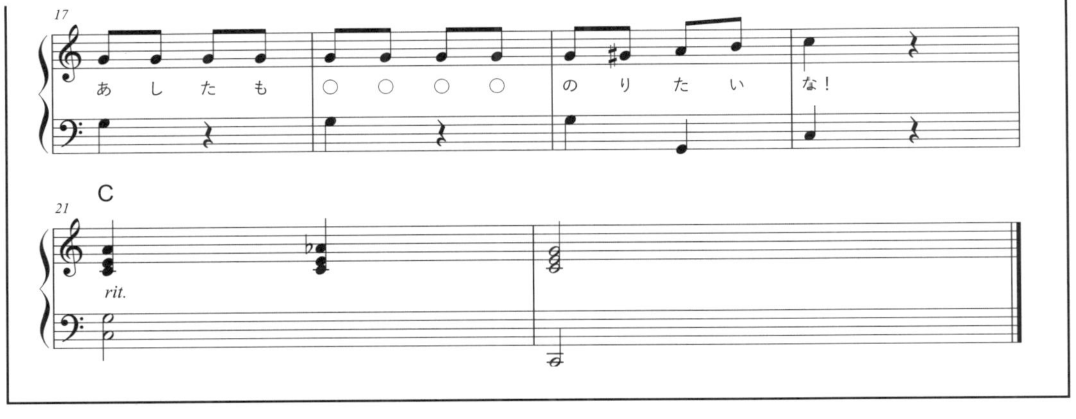
17
あ し た も
○ ○ ○ ○
の り た い
な！
C
21
rit.

③ リズム

ワーク7 いろいろなリズムを叩いてみましょう

言葉のもつリズムの活動を楽しみましょう。日常の生活によく使われる馴染み深い言葉を唱えることは，言葉のリズムや抑揚の中から音楽の表現を見出す一助になると思います。

この活動では曲を歌う前に，言葉に合わせたリズムで手を打ち，リズム遊びを楽しみましょう。例えば，やきいも（♫♫），ドーナツ（♩ ♫），クリーム（♪♩ ♪），チョコパン（♫ ♩）など，いろいろなリズムを体験してください。

《おやつはなあに？》は，保育者の打ったリズムを子どもたちが真似をします。曲名の「おやつ」をおべんとうヴァージョン（おにぎり，ピーマン…など）や，サンドイッチヴァージョンに変えるなど，言葉とリズムを変えて活動するのも楽しいと思います。

また，第17-19小節のセリフを「食べたおやつをはじめから」に変えて，例の「やきいも・ドーナツ・クリーム・チョコパン」と続けて唱えながら，言葉のリズムを手で打つのもよいですね。集中力に加えて記憶力も養われるのではないかと思います。

《おやつはなあに？》

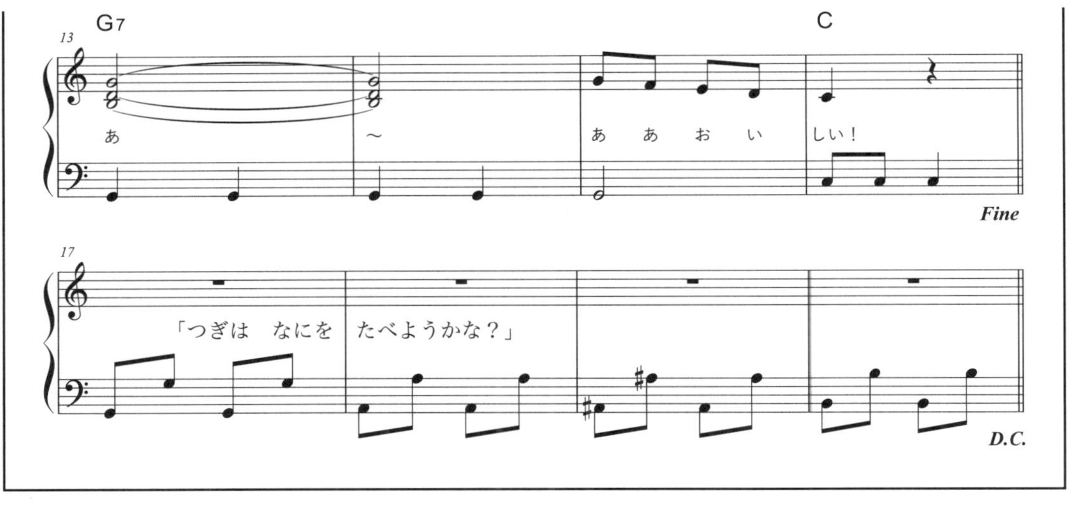

memo

④ フレーズ

例えば,「きょうもはれていますね」という文章を,「きょうもは　れていま　すね」と読んでみましょう。意味が分からなくなってしまいます。文章にもまとまりがあるように，音楽にもまとまりがあります。このようなまとまりを「フレーズ」と言います。

まず，深呼吸のように両腕を横に大きく広げて息を吸ってみましょう。吐くときは両腕を横から降ろしましょう。吸う・吐くという動作を長く，あるいは短くしてください。長いフレーズや短いフレーズを呼吸で感じることができます。保育者の真似をするところから始めてもよいですね。

ワーク8　フレーズを感じ取りましょう

音楽を聴きながら，フレーズを感じ取りましょう。実践例を紹介します。

ステップ1：2人で向かい合い，一つのフープをそれぞれが両手で持ちます。《ちょうちょう》の音楽を聴きながら4小節のフレーズごとに右回りから左回り（またはその反対）に方向転換しましょう。

ステップ2：4拍子の拍に合わせて，♩のリズムで歩きましょう。4小節ごとに方向転換をして，いろいろな方向へ歩き，フレーズを感じ取る活動をしましょう。

ステップ3：2人で一緒にフープに入り，遠足に行くバス等に見立てて活動してもよいでしょう。フレーズごとに運転手役の子どもは，行き先を変えます（方向転換）。友達と一緒に活動することで協調性や社会性が自然に身につくことも期待できます。

実践では，フレーズごとに方向を変えることが大切です。いろいろな曲を用いてフレーズを感じ取る活動を楽しみましょう。

《ちょうちょう》

ドイツ民謡

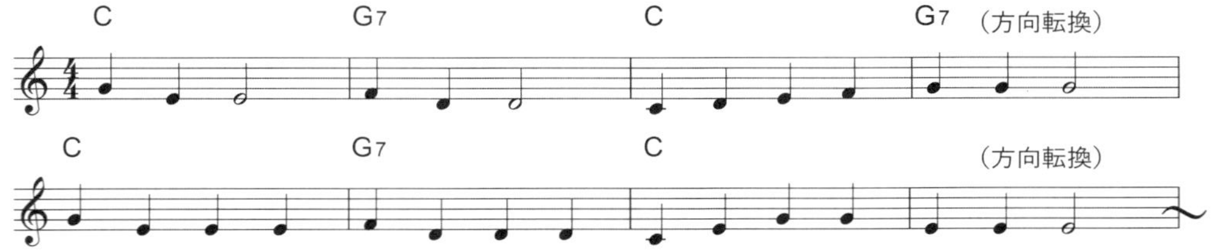

ワーク９　フレーズを楽しみましょう

《オニがでたぞ！》では，子どもたちが円になり，活動を始めます。第１・３小節は顔の横で両手を合わせて，寝る真似をしましょう。第２・４小節で右向きにジャンプをして「た」で着地します。第５小節で半周回り，第６小節「な」で好きな向きにジャンプをします。隣の友達と向かい合った子どもは鬼と出会ってしまったので，保育者の「逃げろ～！」の合図で，走り回ります。第16・17小節の音楽が聴こえたら，もとの円に戻ります。向かい合わなかった子どもは，その場所で音楽に合わせて手拍子（手合わせ）しましょう。２回目も同じように始めます。いろいろな友達と遊べるように，２回目は１回目とは違う友達が隣になるように円をつくってもよいですね。

言葉のまとまりからもフレーズが感じ取れます。また，歌詞「たすかった」の「た」の着地の瞬間では，アクセントも感じ取ることができますね。

巻末資料２　劇遊びの実際

最後に生活発表会の実例をシナリオ形式で紹介します。３歳児を対象とした『ブレーメンの音楽隊』と，３～５歳児を対象とした『ももたろう』です。この構成は一つの例として挙げていますので，子どもの人数やそれぞれの園の状況に合わせて調整してください。また子どもの発達や様子に合わせて工夫してみましょう。

『ブレーメンの音楽隊』

構成：田中幹子　作曲：小畑郁男

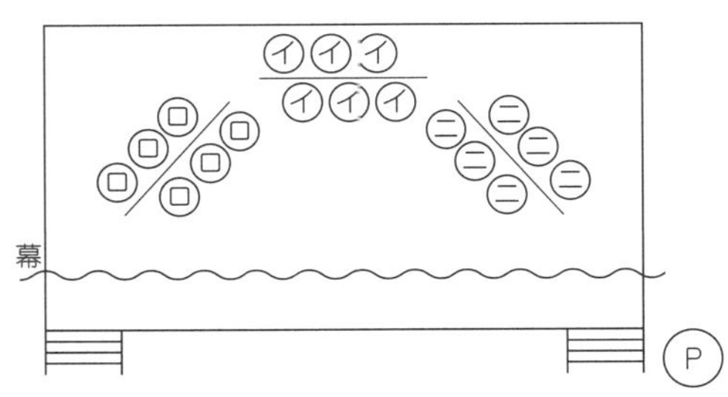

（舞台袖にナレーターと登場人物が待機する）

全員：ブレーメンのおんがくたい！

《テーマソング》

たのしく　ゆかいに

（《**テーマソング**》が始まったら，ナレーター入る）

ナレーター：昔々，あるところに，ロバとイヌとニワトリがいました。
知恵をしぼって考えて，どろぼうを追い出すお話，さぁ，はじめましょう

—開幕—

（開幕と同時に《**ロバの曲**》が始まる）

《ロバの曲》

ろばが歩くように

ナレーター：ロバさーん

ロバ：ブヒ，ヒン

（《**イヌの曲**》が始まる）

《イヌの曲》

犬がなくように

ナレーター：イヌさーん

イヌ：ワン，ワン

（《**ニワトリの曲**》が始まる）

《ニワトリの曲》

にわとりがなくように

ナレーター：ニワトリさん

ニワトリ：コケ，コッコー

ナレーター：さぁみんな，今日も仕事を始めますよ

全員：はーい（全員，右手を挙げる）

（《**テーマソング**》を再度，弾く）

—閉幕—

（舞台にいる子どもたちを舞台袖へ誘導後，ナレーションを入れる）

ナレーター：働き者のロバとイヌとニワトリは，毎日せっせと働きましたが，年をとったことを理由に，追い出されてしまったのです

（ロバ役の子どもが舞台上に移動する）

（《**ロバの歌**》の途中に開幕，ロバの移動中はピアノのみで１オクターブ高く弾く）

（以下イヌ，ニワトリも同様に動く）

《ロバ・イヌ・ニワトリの歌》

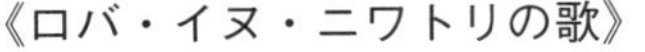

（杖をつく真似）

とーしを　とーった　ロバ　さんが　おうちを
イヌ　さんが
ニワトリ　さんが

（逃げる真似）　　　　　　（右ひじつく）

とびだし　ブヒ ヒン ヒン　とっても　こまって
ワン ワン ワン
コケッ コッ コー

（左ひじつく）　　（前の動作を繰り返す）

いるー　けれど　だれにも　そうだん　できな　い

ロバ：きみも　おいだされちゃったのかい？（指さし，走る真似）

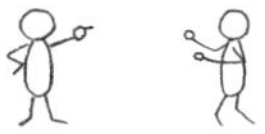

イヌ：きみも　おいだされちゃったのかい？（指さし，走る真似）

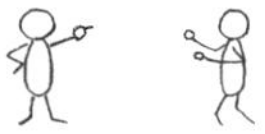

ニワトリ：きみも　おいだされちゃったのかい？（指さし，走る真似）

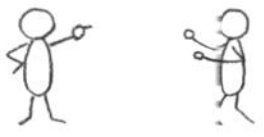

ロバ：そうだ！（手を打つ） 　みんなでブレーメンへいこう！（指さし）

イヌ　ニワトリ：いこう！　いこう！（握りこぶしを挙げる）

（**《目指せブレーメン行進曲》**が始まる）

《目指せブレーメン行進曲》

—歌が終わると閉幕—

（前奏が始まると，どろぼうたちは舞台下へ移動して《**どろぼうの歌**》を歌う）

《どろぼうの歌》

（右腕を曲げてあげる）　（左腕を曲げてあげる）

おれたちゃ　どろぼう

（歯を見せて手を口の前へ）

イッヒッヒ　イッヒッヒ　やんちゃものだよ　イッヒッヒ

（駆け足の真似）

だっそうしてきた　どろぼうさ　さくせん　どおり

（2回ジャンプ）　（歯を見せて手を口の前へ）

にげろにげろ　やんちゃもの　イッヒッヒ　イッヒッヒ

（自分を親指でさす）　（ガッツポーズ）

イッヒッヒ　イッヒッヒ　おれたちゃどろぼう　やんちゃもの

どろぼう：しめしめ　きょうはだれもいないぞ　イッヒッヒッヒ

（どろぼうが退場するのに合わせて，**《どろぼう退場曲》**を演奏する）

《どろぼう退場曲》

弱く　すこし遅めに

—開幕—

（開幕と同時に《**テーマソング**》が始まる）

ロバ：ブレーメンはどっちだ？（右へ左へ　手をかざす）

イヌ：あっちかな？（腕組み）　ニワトリ：こっちかな？（腕組み）

全員：あっちだ！（右へ指さし）　ナレーター：ブッブー

全員：こっちだ！（左へ指さし）　ナレーター：ブッブー

全員：そっちだ！（前へ指さし）　ナレーター：ピンポーン

全員：よし（手を打つ）しゅっぱつだー！（握りこぶしを挙げる）

—閉幕—

（閉幕と同時に《**目指せブレーメン行進曲**》が始まる）（動物たちは舞台上で待機する。どろぼうは舞台下に入場する）

—開幕—

（《**どろぼうの歌**》を歌いながら，どろぼうが入場する）

どろぼう：きょうはなにをいただこう（周りを見回す）ウシシシシー（歯を見せて手を口の前へ）

ロバ：あっ　どろぼうだ！（手を上に）　ハッ！　シーッ（人さし指を口にあてる）

イヌ：そうだ！（手を打つ）　みんなでおいだそう！（前に向かってパンチ）

ハッ！　シーッ（人さし指を口にあてる）

ニワトリ：そうしよう！　そうしよう！（うなずく）ハッ！　シーッ（人さし指を口にあてる）

（《**追い出そうの歌**》の前奏が始まる）

《追い出そうの歌》

どろぼう：わぁー，　おばけだ！　にげろー！（駆け足）

《どろぼうが逃げる曲》

速く　逃げるように

ロバ・イヌ・ニワトリ：ばんざーい！　ばんざーい！　ばんざーい！

ナレーター：その後どろぼうたちは　反省して動物たちに謝り
皆で仲良く暮らしましたとさ

（全員で《みんな　なかよし》を歌う）

《みんな　なかよし》

（手をつないで前後に揺らす）

みんなで　なかよく　くらしま　しょう　みんなで　なかよく　うたいま　しょう

（右隣左隣の人の肩を叩く）

みぎて トン トン トン　ひだりて トン トン トン

（右手を身体の左から右へ）

くるりと　まわっーて

（手をグーからパーへと開く）

ハイおしま　い＿＿

―閉幕―

『ももたろう』

構成：田中眸子　作曲：小畑郁男

（閉幕のままで，舞台袖にナレーターと登場人物が待機する）

全員：ももたろう　はじまり　はじまりー（拍子木を鳴らす）

（《**オープニング曲**》が始まったら，幕前にナレーター登場）

ナレーター①：むかしむかし　あるところに

②：なかよしの　おじいさんとおばあさんがいました

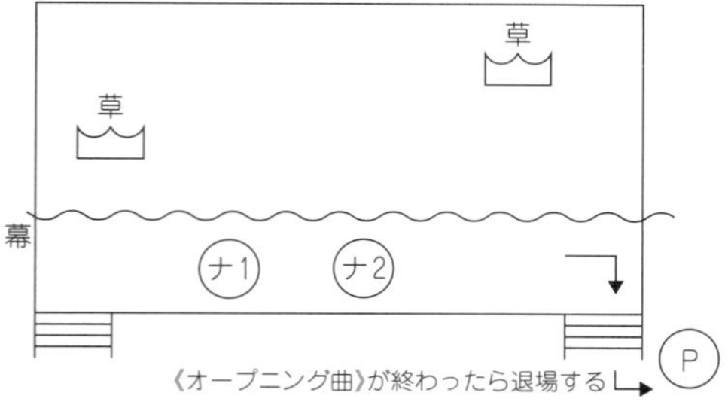

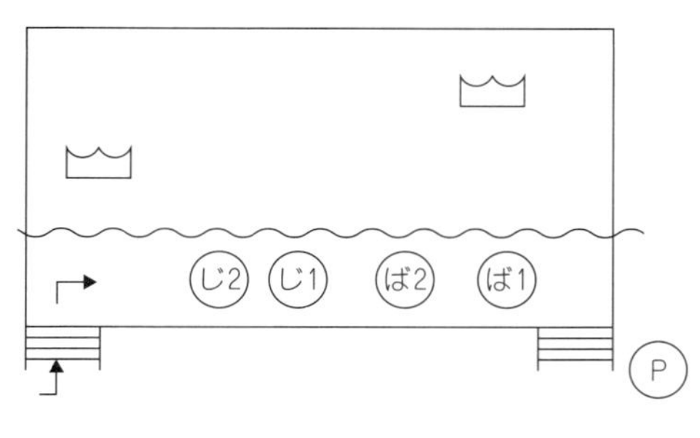

（ナレーターが右の階段から退場し〈左図〉，おじいさんとおばあさんが左の階段から登場する〈右図〉）

おじいさん①：いまから　はたけに　いってくるね！

おじいさん②：おばあさん　せんたくをたのんだよ

おばあさん①：どのふくも　きれいにあらっておくね

おばあさん②：いってらっしゃい

―開幕―

（おじいさんは舞台上の畑へ移動し，おばあさんは舞台下の川へ移動する。舞台下の子どもたちが**《せんたくの歌》**を歌い始め，おじいさんは舞台の上で畑を耕し，おばあさんは舞台の下で洗濯をする）

《せんたくの歌》

（かごの中の布をゴシゴシ洗濯するふりをする）

（《**どんぶらこ の曲**》が始まると，ナレーター①が桃を，ナレーター②がキューピー人形を，客席から見えないように桃で隠して，おばあさんのところまで運んでくる）

《どんぶらこの曲》

波にゆられるように

おばあさん①：なんておおきなもも！

おばあさん②：おじいさんにみせましょう

おばあさん①②：おじいさーん！

（おじいさんは舞台の下へ移動する）

おじいさん①：おおきなももだなぁ

おじいさん②：おいしそうだ

おばあさん①：よし！　きってたべましょう！

（ピアノのグリッサンド音と同時に，桃が割れてナレーター②キューピーを高く持ち上げ）〉

おばあさん①②：なんてかわいい　こどもでしょう！

おじいさん①②：よし！　ももたろう　となづけよう！

全員：（舞台袖の子どもたちも全員で拍手し，《**よろこびの曲**》が演奏される）

—閉幕—

（おじいさんとおばあさんが退場し，ナレーター①②はキューピー人形と桃をその場に置いて退場する）

（舞台上の草二つを片づけ，おじいさんとおばあさんは幕内で待機する）

《よろこびの曲》

いきいきと

（《テーマソング１》を演奏し，その後，ナレーター①②が幕前に登場する）

《テーマソング１》

なつかしい気持ちで

ナレーター①：ももたろうは　おじいさんとおばあさんのもとで　元気に育ちました

ナレーター②：ある日　ももたろうが森へ出かけていると　家ではたいへんなことが起きようとしていました

（ナレーターが退場し，開幕する）

おばあさん①：ももたろう　おそいわねー

おばあさん②：もうすぐ　ごはんなのに

おじいさん①：しんぱいしなくても　すぐにかえってくるよ

（《**鬼入場の曲**》とともに鬼全員が金棒を持ち，舞台下に並ぶ）

《鬼入場の曲》

おそろしい感じで

鬼全員：クン　クン　クン　うまそうな　においだ
　　　　トントントン（戸を叩くふり）
おじいさん②：ほら　かえってきたぞ
おじいさん①：はーい　ももたろう　おかえりー

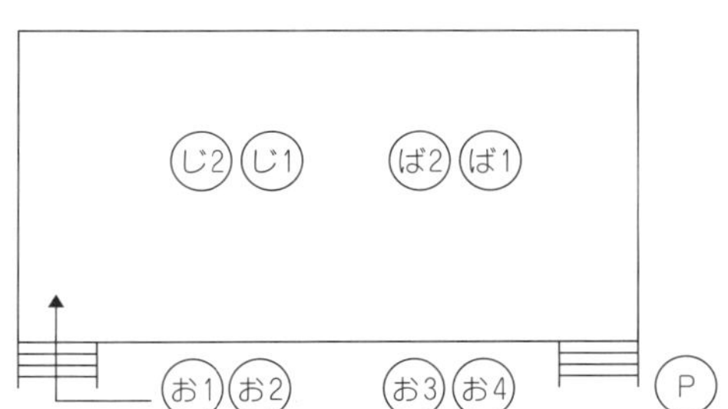

（鬼は舞台上へドシドシと音を立てて移動し，全員が上がると同時に，おじいさんが次のセリフを言う）

おじいさん②：わぁ！鬼だー！！
鬼①：そうさ！おれたちは鬼だ！

（鬼に捕まったおじいさんとおばあさんは手を後ろにして，舞台右から奥へと連れていかれる）

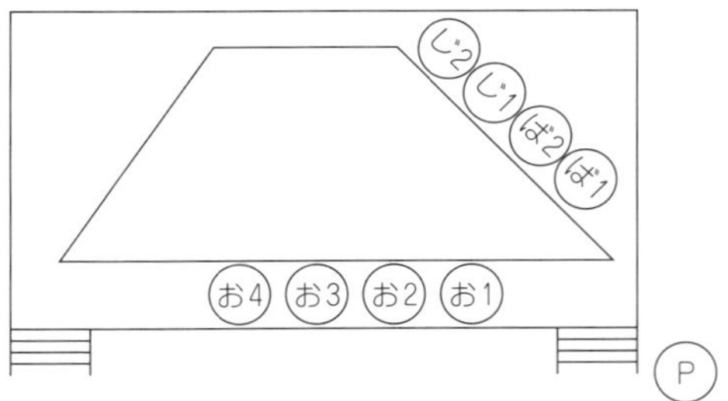

（鬼は横一列に並び，《**鬼の歌**》を歌う）

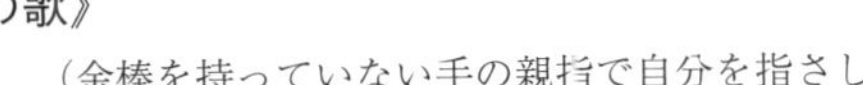

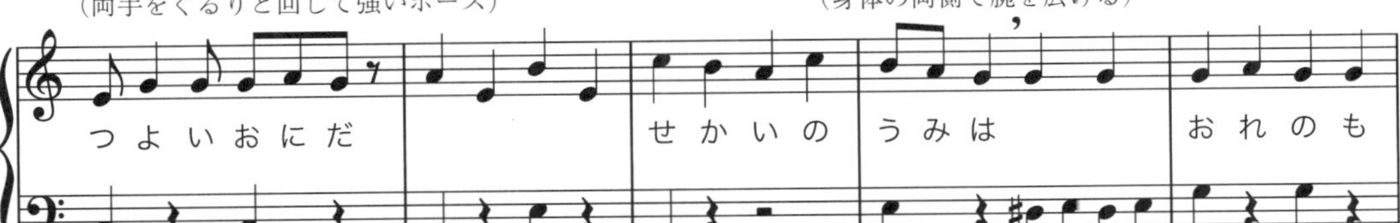

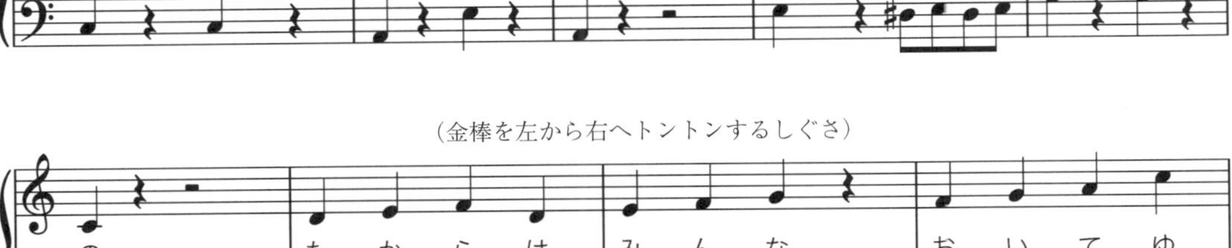

鬼②：おまえ！　うまそうだな！
鬼①：よし　こっちにこい！

（鬼①はおじいさん①，鬼②はおじいさん②に近づき，腕をとり，舞台下へ連れて一緒に退場する）
（鬼③鬼④も退場する）
（舞台上にいるおばあさんと舞台袖にいる全員で《**悲しみの歌**》を歌う）

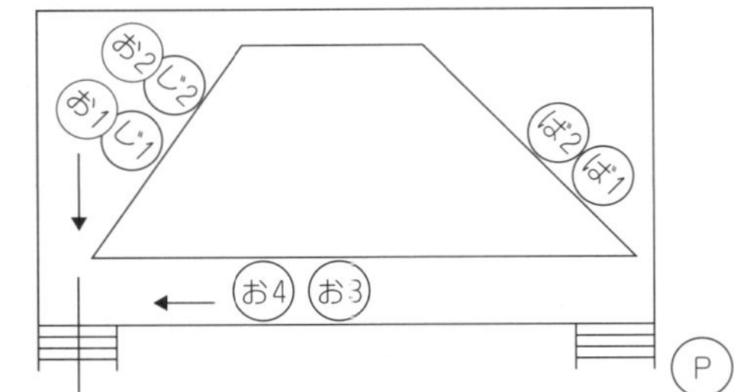

《悲しみの歌》

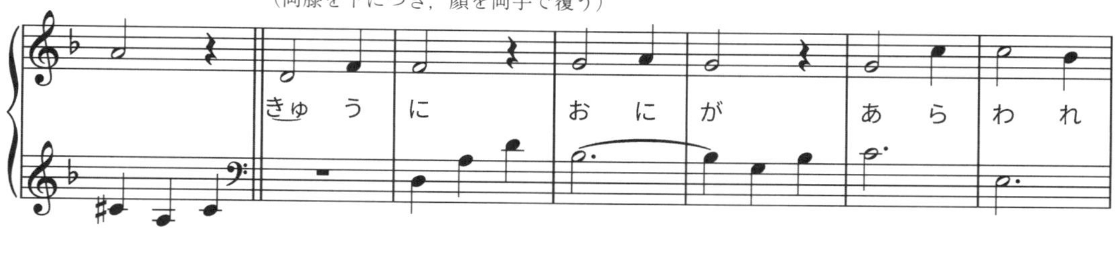
（両膝を下につき，顔を両手で覆う）
きゅ う に お に が あ ら わ れ

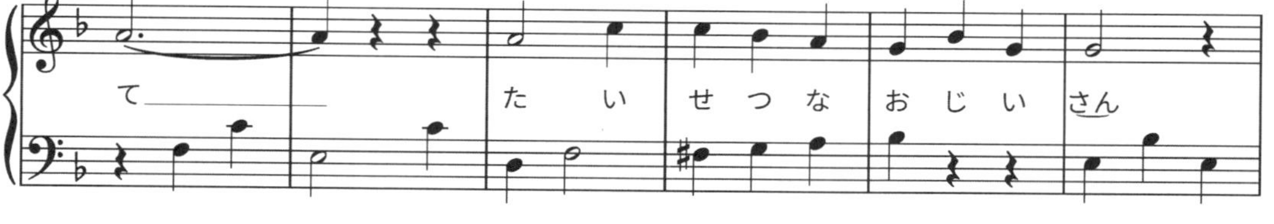
て
た い せ つ な お じ い さん

（両手で招くしぐさ）
さ ら っ てっ た だ れ か

だ れ か だ れ か た す け て
（両手を胸の前で交差する）

（両手を床につける）

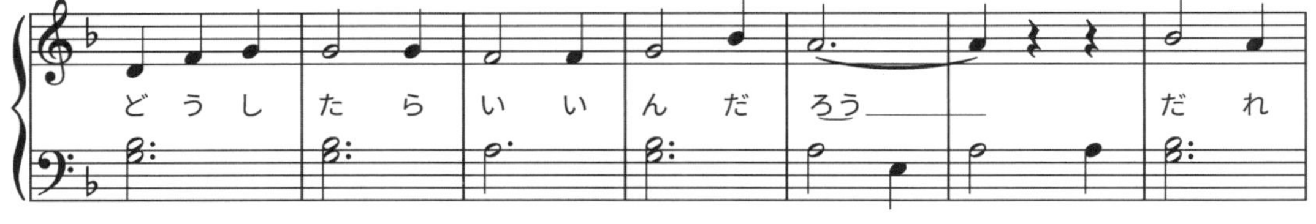

（両手で顔を覆う）

全員：ももたろうー！！！

（《**ももたろうが　かけつける曲**》が演奏され，
ももたろう①②が大慌てで，舞台下を一周走り回る）
（ピアノが終了後，おばあさん①②は舞台左へ，
ももたろう①②舞台上へ移動）

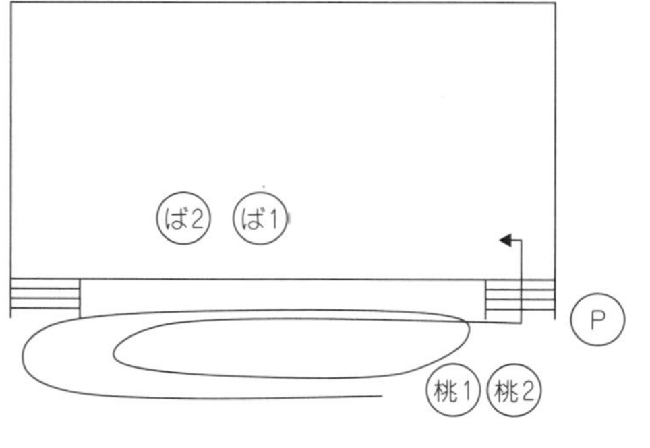

《ももたろうが　かけつける曲》

元気よく

ももたろう①：おばあさん！

ももたろう②：おじいさんは？

《ももたろうに　たすけをもとめる歌》

ももたろう①②：では　いってきます！

おばあさん①②：いってらっしゃい！

—暗転—

（ももたろう①②は舞台左へ移動し，おばあさん①②は舞台右へ退場する）

（ももたろうはきび団子入りのポシェットをつけてもらう）

（《**テーマソング２**》が始まり，ステージが明るくなる）

《テーマソング２》

なつかしい感じで

（ももたろう①②が舞台左から登場し，いぬ，さる，きじは舞台右から舞台下へ登場する）

（全員で《**いぬ・さる・きじの歌**》を歌う）

《いぬ・さる・きじの歌》

（両手をグーにして身体の前でそろえる）

（両腕を顔にそって丸くかこむ）

（両手を身体の後ろでパタパタさせる）

（３人で手をつなぎゆらゆらする）

（両手を胸の前で交差する）
いっしょ　どんなときも　なかよし　さんにんぐみ
（こぶしをつくった右腕をあげてジャンプする）（両腕を組む）
ゴー　ゴー　けんかしたときも
（こぶしをつくった右腕をあげてジャンプする）（手でハートをつくる）
ゴー　ゴー　すぐになかなおり　いつも
（ニコニコする）（一周回って）（両手をあげてバンザイをする）
えがお　どんなときにも　なかよしさ

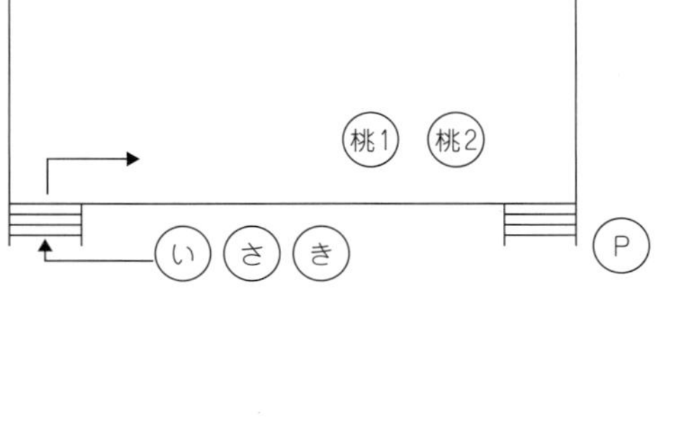

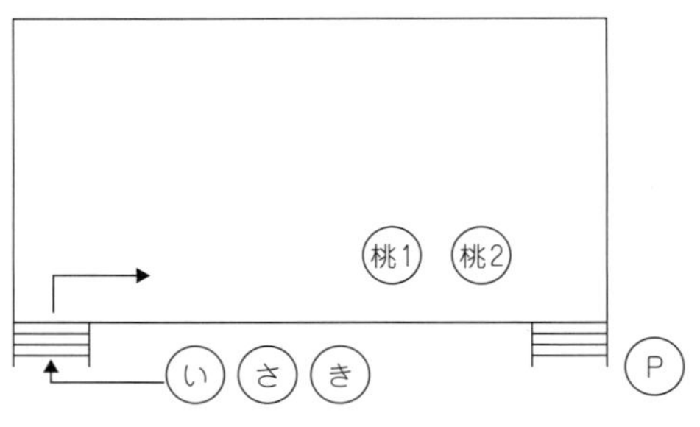

いぬ・さる・きじ：クンクンクン　いいにおい！
　　　　　　　　　そのおかし　ちょうだい
　　　　　　　　　（手を前へ出す）
ももたろう①：これは　ちからがでる　きびだんご
ももたろう②：おにたいじにいってくれるなら
　　　　　　　あげるよ
いぬ・さる・きじ：（3人で相談した後）いいよ！
（3人で舞台上に移動しきびだんごをもらう）
いただきます！（食べるふりをする）モグモグモグ！
ごちそうさまでした！（きびだんごを下に置く）

―閉幕―

（舞台壁面を鬼が島に，岩と巧技台を設置する）
（後ろに縄をつけたおじいさんと，鬼，ももたろう，いぬ，さる，きじが，舞台上に待機する）
（ナレーター幕前へ登場する）

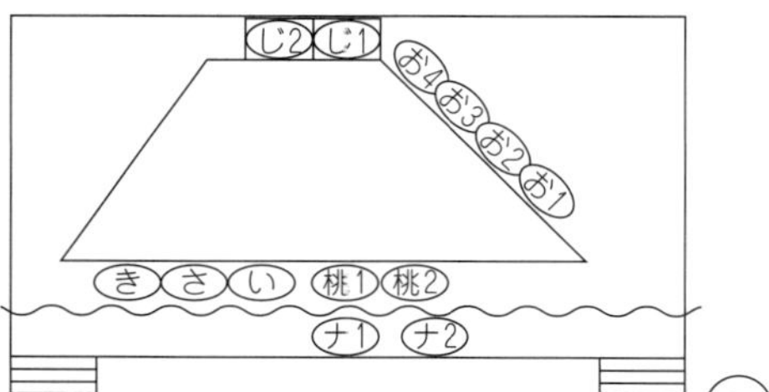

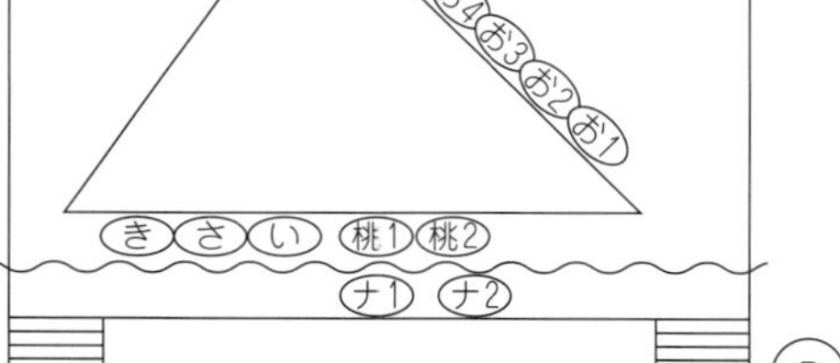

ナレーター①：とうとう　おにがしまに　とうちゃ
　　　　　　　くしました
ナレーター②：このあと　いったい
　　　　　　　どうなるのでしょうか
（ナレーターが退場後，開幕する）

（ナレーター①②が退場し，開幕する）

鬼全員：おまえたちは　だれだ？
いぬ・さる・きじ：わたしたちは　なかよしのいぬ
　　　　　　　　　さる　きじ　だ！
ももたろう①②：ぼくは　ももからうまれた　もも
　　　　　　　　たろう！！

（**《ももたろうの歌》**の前奏が始まり，いぬ，さる，きじが左から奥へと移動する）

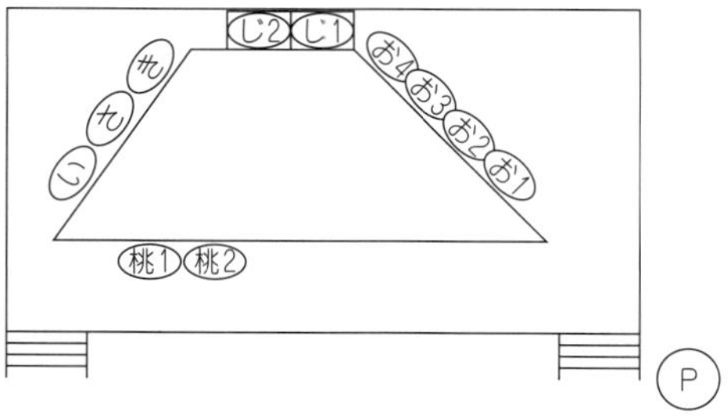

《ももたろうの歌》

（ももたろうは自分を指さす）
ぼくらの　なまえは　ももたろう
（右手を胸に）
おじいさんと
（左手を胸に）
おばあさんと
（左右にゆれる）
くらしているよ
（両手を広げてバンザイをする）
もりのおくで　もりのおくで
くらしてる
（両手をキラキラしながら下へ）
あかるくて

ももたろう①②：おじいさんをかえせ！

おじいさん①②：たすけてくれー！

鬼③：いやだね！

鬼①：こいつらは　たべてやるのさ！

鬼②：かえしてほしければ　たたかえー！

鬼全員：ウォー！！

(**《鬼をやっつける曲》**に合わせ，「動物３匹 vs 鬼」で戦う。その後，「ももたろう vs 鬼」で戦う)

(シンバルの音を合図に鬼は後ろに倒れ込む)

《鬼をやっつける曲》

力強く

鬼全員：ぐぁー　やられたー

ももたろう①②：やったー！！

（いぬ，さる，きじはおじいさんの後ろにまわり，綱をほどいて助ける）

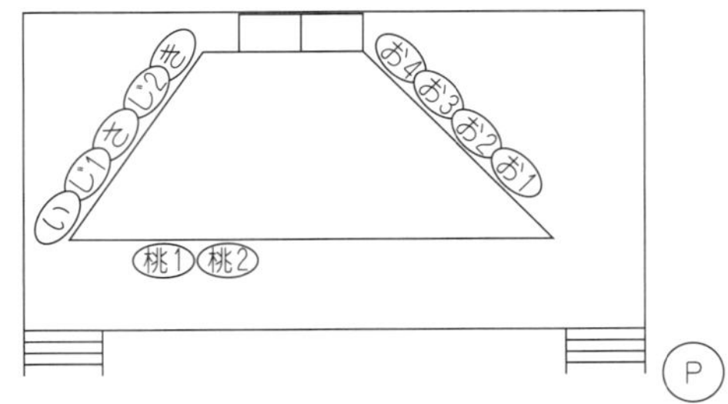

いぬ・さる・きじ：おじいさん　だいじょうぶ？

おじいさん①：だいじょうぶだよ

おじいさん②：ありがとう

鬼全員：えーん

（舞台の上に集まって泣くふりをする）

鬼①：もう　わるいことは　しないよ

鬼③：ぜったいに　しないよ

鬼②：だから　ともだちになって

ももたろう①：もう　ほんとうに　わるいことはしない？

鬼①②：しません！

ももたろう②：やくそくだぞ！！

鬼全員：やくそくだー！！

ももたろう①②：さぁ　いえに　かえろう！

全員：おー！！（全員その場で待機する）

（ナレーター①②が登場する）

ナレーター①：こうして　ももたろうと鬼は　友達になりました

ナレーター②：そして　みんなで　ずっとなかよく　くらしましたとさ

（《**テーマソング 3**》に合わせて，全員が舞台上に整列する）

《テーマソング 3》

なつかしい感じで

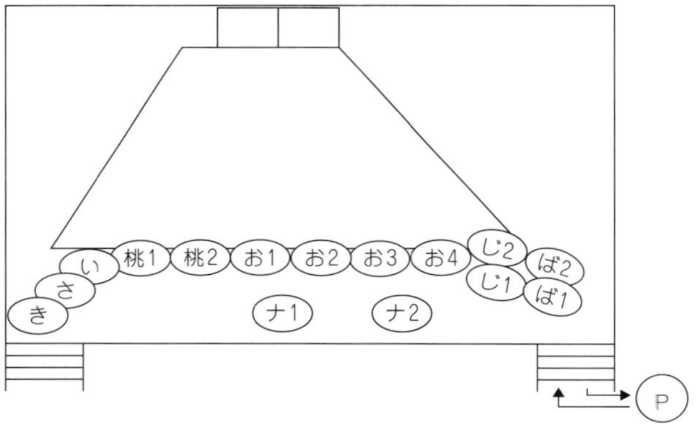

全員：ももたろう　おしまい　ばいばーい！

—閉幕—

巻末資料3

幼稚園教育要領（平成29年3月）（抄）

第2章　ねらい及び内容

表　現

〔感じたことや考えたことを自分なりに表現することを通して，豊かな感性や表現する力を養い，創造性を豊かにする。〕

1　ねらい

（1）いろいろなものの美しさなどに対する豊かな感性をもつ。

（2）感じたことや考えたことを自分なりに表現して楽しむ。

（3）生活の中でイメージを豊かにし，様々な表現を楽しむ。

2　内　容

（1）生活の中で様々な音，形，色，手触り，動きなどに気付いたり，感じたりするなどして楽しむ。

（2）生活の中で美しいものや心を動かす出来事に触れ，イメージを豊かにする。

（3）様々な出来事の中で，感動したことを伝え合う楽しさを味わう。

（4）感じたこと，考えたことなどを音や動きなどで表現したり，自由にかいたり，つくったりなどする。

（5）いろいろな素材に親しみ，工夫して遊ぶ。

（6）音楽に親しみ，歌を歌ったり，簡単なリズム楽器を使ったりなどする楽しさを味わう。

（7）かいたり，つくったりすることを楽しみ，遊びに使ったり，飾ったりなどする。

（8）自分のイメージを動きや言葉などで表現したり，演じて遊んだりするなどの楽しさを味わう。

3　内容の取扱い

上記の取扱いに当たっては，次の事項に留意する必要がある。

（1）豊かな感性は，身近な環境と十分に関わる中で美しいもの，優れたもの，心を動かす出来事などに出会い，そこから得た感動を他の幼児や教師と共有し，様々に表現することなどを通して養われるようにすること。その際，風の音や雨の音，身近にある草や花の形や色など自然の中にある音，形，色などに気付くようにすること。

（2）幼児の自己表現は素朴な形で行われることが多いので，教師はそのような表現を受容し，幼児自身の表現しようとする意欲を受け止めて，幼児が生活の中で幼児らしい様々な表現を楽しむことができるようにすること。

（3）生活経験や発達に応じ，自ら様々な表現を楽しみ，表現する意欲を十分に発揮させることができるように，遊具や用具などを整えたり，様々な素材や表現の仕方に親しんだり，他の幼児の表現に触れられるよう配慮したりし，表現する過程を大切にして自己表現を楽しめるように工夫すること。

保育所保育指針（平成29年3月）（抄）

第2章　保育の内容

2　1歳以上3歳未満児の保育に関わるねらい及び内容

(2)ねらい及び内容

オ　表　現

感じたことや考えたことを自分なりに表現することを通して，豊かな感性や表現する力を養い，創造性を豊かにする。

（ア）ねらい

① 身体の諸感覚の経験を豊かにし，様々な感覚を味わう。

② 感じたことや考えたことなどを自分なりに表現しようとする。

③ 生活や遊びの様々な体験を通して，イメージや感性が豊かになる。

（イ）内容

① 水，砂，土，紙，粘土など様々な素材に触れて楽しむ。

② 音楽，リズムやそれに合わせた体の動きを楽しむ。

③ 生活の中で様々な音，形，色，手触り，動き，味，香りなどに気付いたり，感じたりして楽しむ。

④ 歌を歌ったり，簡単な手遊びや全身を使う遊びを楽しんだりする。

⑤ 保育士等からの話や，生活や遊びの中での出来事を通して，イメージを豊かにする。

⑥ 生活や遊びの中で，興味のあることや経験したことなどを自分なりに表現する。

（ウ）内容の取扱い

上記の取扱いに当たっては，次の事項に留意する必要がある。

① 子どもの表現は，遊びや生活の様々な場面で表出されているものであることから，それらを積極的に受け止め，様々な表現の仕方や感性を豊かにする経験となるようにすること。

② 子どもが試行錯誤しながら様々な表現を楽しむことや，自分の力でやり遂げる充実感などに気付くよう，温かく見守るとともに，適切に援助を行うようにすること。

③ 様々な感情の表現等を通じて，子どもが自分の感情や気持ちに気付くようになる時期であることに鑑み，受容的な関わりの中で自信をもって表現をすることや，諦めずに続けた後の達成感等を感じられるような経験が蓄積されるようにすること。

④ 身近な自然や身の回りの事物に関わる中で，発見や心が動く経験が得られるよう，諸感覚を働かせることを楽しむ遊びや素材を用意するなど保育の環境を整えること。

3　3歳以上児の保育に関するねらい及び内容

(2) ねらい及び内容

オ　表　現

感じたことや考えたことを自分なりに表現することを通して，豊かな感性や表現する力を養い，創造性を豊かにする。

（ア）ねらい

① いろいろなものの美しさなどに対する豊かな感性をもつ。

② 感じたことや考えたことを自分なりに表現して楽しむ。

③ 生活の中でイメージを豊かにし，様々な表現を楽しむ。

（イ）内容

① 生活の中で様々な音，形，色，手触り，動きなどに気付いたり，感じたりするなどして楽しむ。

② 生活の中で美しいものや心を動かす出来事に触れ，イメージを豊かにする。

③ 様々な出来事の中で，感動したことを伝え合う楽しさを味わう。

④ 感じたこと，考えたことなどを音や動きなどで表現したり，自由にかいたり，つくったりなどする。

⑤ いろいろな素材に親しみ，工夫して遊ぶ。

⑥ 音楽に親しみ，歌を歌ったり，簡単なリズム楽器を使ったりなどする楽しさを味わう。

⑦ かいたり，つくったりすることを楽しみ，遊びに使ったり，飾ったりなどする。

⑧ 自分のイメージを動きや言葉などで表現したり，演じて遊んだりするなどの楽しさを味わう。

（ウ）内容の取扱い

上記の取扱いに当たっては，次の事項に留意する必要がある。

① 豊かな感性は，身近な環境と十分に関わる中で美しいもの，優れたもの，心を動かす出来事などに出会い，そこから得た感動を他の子どもや保育士等と共有し，様々に表現することなどを通して養われるようにすること。その際，風の音や雨の音，身近にある草や花の形や色など自然の中にある音，形，色などに気付くようにすること。

② 子どもの自己表現は素朴な形で行われることが多いので，保育士等はそのような表現を受容し，子ども自身の表現しようとする意欲を受け止めて，子どもが生活の中で子どもらしい様々な表現を楽しむことができるようにすること。

③ 生活経験や発達に応じ，自ら様々な表現を楽しみ，表現する意欲を十分に発揮させることができるように，遊具や用具などを整えたり，様々な素材や表現の仕方に親しんだり，他の子どもの表現に触れられるよう配慮したりし，表現する過程を大切にして自己表現を楽しめるように工夫すること。

幼保連携型認定こども園教育・保育要領（平成29年3月）（抄）

第２章　ねらい及び内容並びに配慮事項

第２　満１歳以上満３歳未満の園児の保育に関するねらい及び内容

表　現

〔感じたことや考えたことを自分なりに表現することを通して，豊かな感性や表現する力を養い，創造性を豊かにする。〕

１ ねらい

（１）身体の諸感覚の経験を豊かにし，様々な感覚を味わう。

（２）感じたことや考えたことなどを自分なりに表現しようとする。

（３）生活や遊びの様々な体験を通して，イメージや感性が豊かになる。

２ 内容

（１）水，砂，土，紙，粘土など様々な素材に触れて楽しむ。

（２）音楽，リズムやそれに合わせた体の動きを楽しむ。

（３）生活の中で様々な音，形，色，手触り，動き，味，香りなどに気付いたり，感じたりして楽しむ。

（４）歌を歌ったり，簡単な手遊びや全身を使う遊びを楽しんだりする。

（５）保育教諭等からの話や，生活や遊びの中での出来事を通して，イメージを豊かにする。

（６）生活や遊びの中で，興味のあることや経験したことなどを自分なりに表現する。

３ 内容の取扱い

上記の取扱いに当たっては，次の事項に留意する必要がある。

（１）園児の表現は，遊びや生活の様々な場面で表出されているものであることから，それらを積極的に受け止め，様々な表現の仕方や感性を豊かにする経験となるようにすること。

（２）園児が試行錯誤しながら様々な表現を楽しむことや，自分の力でやり遂げる充実感などに気付くよう，温かく見守るとともに，適切に援助を行うようにすること。

（３）様々な感情の表現等を通じて，園児が自分の感情や気持ちに気付くようになる時期であることに鑑み，受容的な関わりの中で自信をもって表現をすることや，諦めずに続けた後の達成感等を感じられるような経験が蓄積されるようにすること。

（４）身近な自然や身の回りの事物に関わる中で，発見や心が動く経験が得られるよう，諸感覚を働かせることを楽しむ遊びや素材を用意するなど保育の環境を整えること。

第3 満３歳以上の園児の教育及び保育に関するねらい及び内容

表　現

〔感じたことや考えたことを自分なりに表現することを通して，豊かな感性や表現する力を養い，創造性を豊かにする。〕

1　ねらい

（1）いろいろなものの美しさなどに対する豊かな感性をもつ。

（2）感じたことや考えたことを自分なりに表現して楽しむ。

（3）生活の中でイメージを豊かにし，様々な表現を楽しむ。

2　内　容

（1）生活の中で様々な音，形，色，手触り，動きなどに気付いたり，感じたりするなどして楽しむ。

（2）生活の中で美しいものや心を動かす出来事に触れ，イメージを豊かにする。

（3）様々な出来事の中で，感動したことを伝え合う楽しさを味わう。

（4）感じたこと，考えたことなどを音や動きなどで表現したり，自由にかいたり，つくったりなどする。

（5）いろいろな素材に親しみ，工夫して遊ぶ。

（6）音楽に親しみ，歌を歌ったり，簡単なリズム楽器を使ったりなどする楽しさを味わう。

（7）かいたり，つくったりすることを楽しみ，遊びに使ったり，飾ったりなどする。

（8）自分のイメージを動きや言葉などで表現したり，演じて遊んだりするなどの楽しさを味わう。

3　内容の取扱い

上記の取扱いに当たっては，次の事項に留意する必要がある。

（1）豊かな感性は，身近な環境と十分に関わる中で美しいもの，優れたもの，心を動かす出来事などに出会い，そこから得た感動を他の園児や保育教諭等と共有し，様々に表現することなどを通して養われるようにすること。その際，風の音や雨の音，身近にある草や花の形や色など自然の中にある音，形，色などに気付くようにすること。

（2）幼児期の自己表現は素朴な形で行われることが多いので，保育教諭等はそのような表現を受容し，園児自身の表現しようとする意欲を受け止めて，園児が生活の中で園児らしい様々な表現を楽しむことができるようにすること。

（3）生活経験や発達に応じ，自ら様々な表現を楽しみ，表現する意欲を十分に発揮させることができるように，遊具や用具などを整えたり，様々な素材や表現の仕方に親しんだり，他の園児の表現に触れられるよう配慮したりし，表現する過程を大切にして自己表現を楽しめるように工夫すること。

巻末資料4　本書で扱った絵本一覧

文：松谷みよ子，絵：瀬川康男，童心社，1967

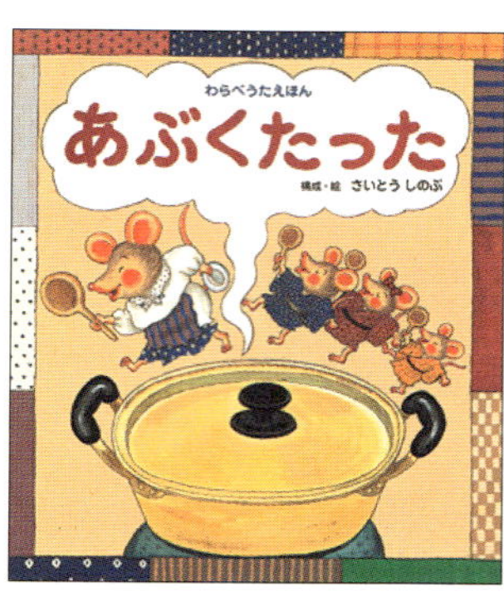

構成・絵：さいとうしのぶ，ひさかたチャイルト，2009

構成・文：こがようこ，絵：降矢なな，童心社，2018

文：長谷川摂子，絵：降矢なな，福音館書店，1988

文：山下洋輔，絵：柚木沙弥郎，福音館書店，1999

作・絵：かがくいひろし，講談社，2008

A. トルストイ再話，訳：内田莉莎子，画：佐藤忠良，福音館書店，1962

作：いわいとしお，偕成社，2014

作：あずみ虫，白泉社，2018

文・絵：岩田明子，大日本図書，2012

作：中村柾子（まさ）・西巻茅子（かや），絵：西巻茅子，福音館書店，1993

作・絵：なかやみわ，福音館書店，2000

作：間所ひさこ，絵：とりごえまり，フレーベル館，2010（品切れ，重版未定）

文・絵：樋勝朋巳，福音館書店，2013

さく：かがくいひろし，ブロンズ新社，2008

作：樋勝朋巳，福音館書店，2019

作：庄司三智子，佼成出版社，2013

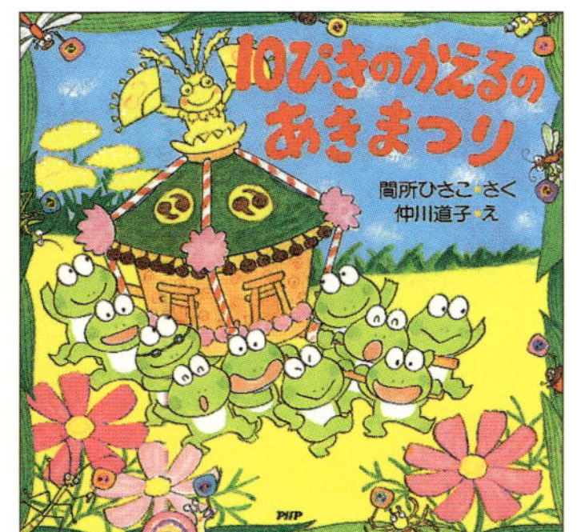

作：間所ひさこ，絵：仲川道子，PHP研究所，2010

作・絵：マーカス・フィスター，訳：谷川俊太郎，講談社，1995

〈編著者紹介〉

佐野 仁美（さの・ひとみ，京都橘大学発達教育学部教授　博士（学術））

岡林 典子（おかばやし・のりこ，大阪成蹊大学教育学部教授　博士（学術））

〈執筆者紹介（執筆順）〉

山内 信子（やまうち・のぶこ，関西学院短期大学保育科専任講師）第１章第１，２節

貞松 朋子（さだまつ・ともこ，たちばな大路こども園副園長）第１章3.2

河口智津子（かわぐち・ちづこ，たちばな大路こども園園長）第１章3.3

坂井 康子（さかい・やすこ，甲南女子大学人間科学部教授）第３章第１，２節

難波 和子（なんば・かずこ，たちばな大路こども園元園長）第３章第３節

長谷川梨紗（はせがわ・りさ，京都女子大学発達科学部非常勤講師）コラム３－３

宮内 晴加（みやうち・はるか，京都女子大学発達科学部非常勤講師）ワーク３－１

山岸 多恵（やまぎし・たえ，平安女学院大学子ども教育学部助教）第４章第２節，巻末資料１

古庵 晶子（こあん・あきこ，京都ノートルダム女子大学現代人間学部准教授）第５章第３，４節，第６章第２節

井越 尚美（いこし・なおみ，佛教大学教育学部非常勤講師）コラム５－１

田中 幹子（たなか・みきこ，京都橘大学発達科学部助教）第６章第２節，巻末資料２

小畑 郁男（こばた・いくお，作曲・音楽表現理論研究）第６章第２節，巻末資料２

〈実践協力者（五十音順）〉（所属は実践時）

今村 香菜（いまむら・かな，京都市立みつば幼稚園教諭）
江口未希子（えぐち・みきこ，たちばな大路こども園保育教諭）
太田 来実（おおた・くるみ，たちばな大路こども園保育教諭）
奥北 真奈（おくきた・まな，たちばな大路こども園保育教諭）
木徳友利恵（きとく・ゆりえ，宝塚市立西山幼稚園教諭）
久保 真美（くぼ・まみ，たちばな大路こども園保育教諭）
千田 菜緒（せんだ・なお，たちばな大路こども園保育教諭）
田村　 翼（たむら・つばさ，たちばな大路こども園保育教諭）
中島 祐菜（なかじま・ゆうな，たちばな大路こども園保育教諭）
永金 里英（ながかね・りえ，たちばな大路こども園保育教諭）
西村 美月（にしむら・みつき，たちばな大路こども園保育教諭）
縄間　 渚（のうま・なぎさ，たちばな大路こども園保育教諭）
広瀬 香佳（ひろせ・きょうか，京都幼稚園教諭）
深澤 素子（ふかざわ・もとこ，京都幼稚園主事）
福井美由紀（ふくい・みゆき，たちばな大路こども園保育教諭）
藤田 千紘（ふじた・ちひろ，たちばな大路こども園保育教諭）
桝谷 芽衣（ますたに・めい，たちばな大路こども園保育教諭）
柳田沙梨奈（やなぎた・さりな，たちばな大路こども園保育教諭）

本文中イラスト：藤井真由里・中川しおり

創造性を育む乳幼児からの音楽表現

2025年３月30日　初　版第１刷発行　〈検印省略〉

定価はカバーに
表示しています

編著者　佐野仁美
　　　　岡林典子
発行者　杉田啓三
印刷者　中村勝弘

発行所　株式会社　ミネルヴァ書房
607-8494 京都市山科区日ノ岡堤谷町１
電話(075)581-5191／振替01020-0-8076

中村印刷・吉田三誠堂製本

ISBN 978-4-623-09822-4
Printed in Japan